아빠와 딸,
DMZ를 걷다

손안의 통일 **7**

아빠와 딸,
DMZ를 걷다

: 비무장 지대의 우리 역사를 찾아서

최동군 지음

통일부
통일교육원

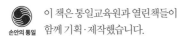

이 책은 통일교육원과 열린책들이
함께 기획·제작했습니다.

손안의 통일

〈손안의 통일〉 시리즈를 발간하며

여행 좋아하시나요? 스위스 출신의 영국 작가이자 철학자인 알랭 드 보통Alain de Botton은 〈행복을 찾는 일이 우리 삶을 지배한다면, 여행은 그 일의 역동성을 그 어떤 활동보다 풍부하게 드러내 준다〉라고 했습니다. 갑자기 행복을 찾으러 여행 가고 싶어지지는 않으셨나요?

여행 이야기를 꺼낸 것은 여행과 평화·통일이 비슷한 점이 많아서입니다. 여행은 그 과정에서 많은 사람을 만나고, 다양한 것을 체험하면서 완성됩니다. 평화·통일 역시 어느 한순간에 만들어지는 것이 아니라, 평화·통일을 향한 작은 과정 하나하나가 모여 달성됩니다. 또한 여행은 돌발 상황이 발생하는 등 그 과정이 순탄치만은 않습니다. 평화·통일로 가는 길 역시 평탄한 도로 위만 달리는 것은 아닙니다. 마지막으로 여행과 평화·통일 모두 목적지가 있다는 것과, 끝난 뒤 돌아보면 힘들었던 기억은 좋은 추억이나 성장의 토대가 된다는 점도 닮았다고 생각합니다.

그런데 여행과 평화·통일 사이에는 큰 차이점도 있습니다. 가장 대표적인 것이 바로 〈재미〉의 유무입니다. 요즘 여행을 가면 블로그 등을 통해 미리 맛집이나 명소도 알아보고, 현장에 가서 예쁘게 사진을 찍어 SNS에 올리기도 합니다. 이 모든 과정이 귀찮고 번거로울 수도 있지만, 사람들은 이를 재미있는 놀이로 즐깁니다. 그러나 평화·통일이라는 이야기를 듣는 순간, 〈아, 또 뭔가 고리타분하고 재미없는 이야기를 하겠구나〉 싶어 지레 겁을 먹고 귀를 닫는 경우가 많습니다.

「우리의 소원은 통일」이라는 노래가 널리 알려져 있지만, 왜 평화·통일은 이다지 재미없고 관심도 없는 일이 되어 버렸을까요? 지난 수십 년간 평화·통일을 교육하고 강조해 온 입장에서 스스로를 돌아보게 만드는 질문입니다. 평화·통일은 우리의 일상 속에 자리 잡고 있는 것임에도 불구하고, 교육을 한다면서 고담준론(高談峻論)의 성(城)에 이를 가두어 둔 것은 아닌지, 장벽을 높게 쳐버린 것은 아닌지 반성을 해봅니다.

〈손안의 통일〉은 이런 반성에서 출발하여 기획되었습니

다. 딱딱하고 재미없을 것만 같은 평화·통일 문제의 장벽을 낮춰 보고자 합니다. 그리하여 누구나 편하게 느끼고 쉽게 다가갈 수 있도록 했습니다.

기존 정치·군사 문제 중심의 평화·통일 이야기를 역사·여행·예술·미디어 등 다양한 소재를 통해 바라보고자 합니다. 일방적으로 지식을 전달하는 방식에서 벗어나, 많은 사람들이 궁금해하는 이야기를 쉽고 재미있게 풀어내어 대중의 감성에 맞도록 전달하고자 합니다. 〈손안의 통일〉이라는 말 그대로 실제 손에 잡히는 실질적이고 구체적인 평화·통일 이야기를 담아내겠습니다. 가볍게 들고 다니며 볼 수 있는 크기로 제작되지만, 그 내용과 고민은 결코 가볍지만은 않을 것입니다.

오늘날은 〈평화가 일상이 되는 시대, 통일을 마중 나가는 시대〉라고 할 수 있습니다. 그런 시대를 맞아 〈손안의 통일〉은 여러분을 평화·통일로 초대하는 초청장이자, 평화·통일이라는 복잡한 길을 안내해 줄 좋은 여행서가 될 것입니다. 이제, 함께 여행을 떠날 시간입니다. 평화·통일의 길 위에서 많은 것들을 보고 배우며, 그 과정을 즐길 수 있기를, 그리고 훗날 이 모든 것들이 좋은 추억이자 성장의 토대가 되기를 바랍니다. 나아가 일상에 스며든 통일과 평화에 대한 감수성으로 모든 세대가 평화롭고 행복한 통일을 꿈꿀 수 있기를 기대해 봅니다.

2020년 12월

통일교육원장 백준기

서문

이 책은 비무장 지대(DMZ)와 민통선 인근에 분포하는 우리의 전통 문화유산과 유적지에 대해 소개하고 있습니다. 이를 통해 남북 간의 평화와 공존, 공동 번영과 통일을 위한 정서적 토대를 마련하고, 민족적 동질성을 회복하는 성찰의 기회로 삼고자 기획되었습니다. 평소 일반인들의 접근이 쉽지 않은 비무장 지대와 민통선 인근의 문화유산에 대한 종합적인 이해를 통해 한민족 문화의 정체성을 한층 더 고양하고, 아울러 다양한 문화 관광 및 여가 활용 콘텐츠로 활용하기 위한 실용적 목적도 포함하고 있습니다.

이 책에서는 비무장 지대 및 민통선 인근 지역 중에서도 수도권과 비교적 가까운 파주·연천의 한강 하류와 임진강, 그리고 한탄강 하류를 중심으로 다루고 있습니다. 이 지역은 한반도의 역사가 기록되기 이전부터 인류의 거주

흔적이 가장 많았던 곳 중 하나이며, 지정학적·전략적 요충지 목록에서도 항상 선두를 지키는 곳입니다. 또한, 임진강과 한강의 지배권을 확보한 세력은 한반도 전체를 지배할 수 있는 유리한 위치였음을 여러 사료에서 확인할 수 있습니다.

20세기 중반, 해방의 기쁨이 채 가시기도 전에 6·25 전쟁이라는 동족상잔의 비극을 겪은 우리는 그때의 상처를 입은 채로 아직도 임진강 주변에서 남과 북이 서로 대치 중입니다. 그러나 언제까지 이런 상태로 남아 있을 수만은 없습니다. 향후 민족의 공존 공생과 공동 번영 및 평화적인 통일이라는 과제를 적극적으로 풀어내야 합니다. 이에 저는 대학생 딸과 아빠의 대화 형식을 빌려 비무장 지대 및 민통선 인근 지역의 문화유산을 돌아보고 그 의미를 종합적으로 파악함으로써 젊은 세대들에게는 부지불식간에 평화·통일의 당위성을 스스로 깨닫게 하고, 기성세대들에게는 체제를 뛰어넘어 민족의 공동 번영과 하나 됨을 위한 정서적 공감대를 형성하여 평화·통일을 향해 가는 과정에 작은 보탬이 되고자 했습니다.

아무쪼록 이 책을 통해 독자 여러분께서는 문화적 교양 수준도 높이면서, 우리 민족의 밝고 희망찬 미래를 함께 그려 보시기 바랍니다. 끝으로 이 책이 세상의 빛을 볼 수 있도록 기회를 주신 통일부 통일교육원 관계자들께 감사드립니다. 아울러 전주교대에서 초등학교 교사의 꿈을 키워가고 있으면서도 아빠와 더불어 처음부터 원고를 함께 검토하며 젊은 세대들의 감성과 느낌을 전해 준 딸 아름이에게도 특별히 고맙다는 말을 전합니다.

2020년 12월
오두산 통일전망대에서 가까운 파주 자택에서
최동군

차례

1부

오두산성부터 하준 묘까지

오두산성 유적지

문화재 정보

오두산성(사적 제351호)

위치 정보

경기도 파주시 탄현면 필승로 369 오두산 통일전망대

주변 볼거리

헤이리 예술마을, 문화재청 전통건축부재 보존 센터, 파주 장릉, 영집궁시박

물관, 파주 NFC(축구 국가 대표 훈련원)

1
오두산 통일전망대에서 찾아보는
광개토 대왕의 복수심
이곳에서 백제의 몰락이 시작되다

**승용차를 타고 일산에서 임진각 방면으로 자유로를
달리는 중**

딸   자유로는 역시 드라이브 코스로 최고인 것 같아
요. 아빠, 헤이리 예술마을에 가서 맛난 것도 먹고, 재미
있는 구경도 해요.

아빠   그럴까? 참, 그 전에 바로 옆에 있는 오두산 통일
전망대에도 잠시 들러 보자. 그곳은 1,600여 년 전 고구
려와 백제가 한강의 주도권을 놓고 일대 격전을 벌인 데
거든.

딸   오두산 통일전망대가 그 옛날 삼국 시대의 격전지
라고요? 통일전망대라고 하길래 6·25 전쟁의 격전지로
만 알았는데…….

아빠   지금 오두산 통일전망대가 있는 곳이 옛날에는

오두산성이 있던 데야.

오두산 통일전망대 한쪽에는 옛 오두산성 일부 구간이 복원 과정을 거쳐 전시되어 있다. 현재 오두산성의 한자 표기는 까마귀 오(烏), 머리 두(頭) 자를 써서 오두산의 모양이 〈까마귀 머리를 닮았다〉는 뜻을 담고 있는데, 과거 기록을 살펴보면 오두산 또는 오두산성의 한자 표기는 시대별로 조금씩 다르다.

먼저 고려 시대 기록에는 오도성산성(烏島城山城)이라고 했는데, 오도(烏島)는 〈까마귀 섬〉이라는 뜻이다. 이후 조선으로 넘어오면서 발음이 비슷한 조두성(鳥頭城: 새 머리), 오조성(烏鳥城: 까마귀 새), 오두산성(鰲頭山城: 자라 머리) 등 다양한 표기법이 등장한다. 이에 일부 학계에서는 오랜 기간에 걸쳐 책을 필사하여 기록하는 과정에서 오기(誤記), 요즘 표현으로는 오타가 발생한 것이라는 의견을 제시하고 있지만, 필자의 생각은 조금 다르다.

오두산성의 지명이 여러 문헌에서 다양하게 나타나는 것은 한자 오기 때문이 아니라, 오랜 시간에 걸쳐 실제로 오두산에 지리적 지형 변화가 일어났고, 지명 역시 지형의 변화에 따라 변한 것으로 합리적 추정을 할 수 있다. 그 근거로는 첫째, 오두산의 위치가 임진강과 한강이 만나는 하류 지점에 있어서 퇴적물이 많이 쌓일 수밖에 없는 지형이기 때문이다. 둘째, 오두산성 최초의 지명인 오도성산성은 〈까마귀 섬〉이라는 뜻을 품고 있는데, 여기서 섬이라는 표현은 지형상 물로 완전히 둘러싸인 곳을 뜻한다. 그러나 지금의 오두산은 결코 섬이 아니므로 그간에 지형 변화가 있었음을 충분히 짐작할 수 있다.

오도성산성은 아마도 섬 안쪽 산성에 까마귀가 많아서 오도(烏島)라고 불렸을 것으로 추정된다. 또한 어떤 기록에는 오도 대신 조도(鳥島)라고 되어 있는데, 까마귀[烏]든 새[鳥]든 공교롭게도 글자 모양과 뜻이 모두 비슷하며, 심지어 섬 도(島) 자와도 글자 모양이 비슷하다.

딸 그런데 섬이 어떻게 육지가 될 수 있나요?

아빠 얼마든지 가능해. 실제 사례를 들어 볼까?

가수 조용필의 히트 가요 「돌아와요 부산항에」의 노랫말 첫 소절에는 〈꽃피는 동백섬〉이 등장한다. 그러나 실제로 동백섬이 있는 부산 해운대에는 아무리 살펴봐도 섬이라곤 보이지 않는데, 그 이유는 동백섬이 실제 바다에 떠 있는 섬이 아니라 해운대의 서쪽 끝 조선호텔 뒤에 있는 숲이 무성한 곳으로서 바다를 향해 튀어나온 지형이기 때문이다. 아주 오랜 옛날, 동백섬은 육지에서 매우 가깝기는 했어도 분명 섬이었다. 그러다가 섬과 육지 사이에 모래가 계속 쌓이면서 밀물 때는 완전한 섬이 되지만 썰물 때는 수심이 얕아져 걸어서도 왕래할 수 있었는데, 시간이 더 흐르자 그마저도 완전히 육지화되어 버렸다. 이런 섬을 지리학에서는 육계도(陸繫島)라고 한다. 한강과 임진강이 합쳐지는 지점의 오두산성도 그와 비슷한 육지화 과정을 거쳤을 것으로 보인다.

한편, 오두산성을 둘러싸고 고구려와 백제가 치열하게 공방전을 벌일 때인 4세기 후반의 여러 기록을 살펴보면 현재 오두산성의 위치나 주변 지형의 묘사와 매우 유사한 지명이 나오는데, 바로 백제의 관미성(關彌城)이다. 당시 관미성은 이름 속에 관문을 뜻하는 관(關) 자가 들어갈 정도로 전략적으로 매우 중요한 위치에 있었을 뿐만 아니라, 난공불락의 철옹성으로도 유명했다.

관미성의 위치에 대해서는 학계에 여러 가지 설이 있다. 임진강과 한강의 하류인 조강(祖江)에 위치한 오두산성으로 비정하는 설과, 강화군 교동도의 화개산성(華蓋山城)

으로 비정하는 설이 다수를 차지하는데, 그 외 소수 설로는 예성강 하구 등을 지목한다. 「대동여지도」를 만들었던 김정호는 『대동지지(大東地志)』「교하」편에서 〈오두산성은 임진강과 한강이 만나는 곳이며, 본래 백제의 관미성이다(臨津漢水交合處本百濟關彌城)〉라는 기록을 남겼는데, 이는 오두산성설에 힘을 실어 준 것이다.

그런 난공불락의 관미성을 함락시킨 사람이 있는데, 바로 광개토 대왕이다. 관련 기록에 따르면 고구려의 광개토 대왕이 이끄는 1만의 수군은 무려 7개 방면으로 20여 일을 공략한 끝에 〈관미성〉을 함락시켰다고 한다.

중국 지린성(吉林省) 지안현(集安縣)에 있는 광개토 대왕비에 따르면, 광개토 대왕은 400년에도 신라의 경주 인근까지 침입한 왜구를 격퇴하기 위해 5만의 군사를 보냈는데, 이때는 모두 보병과 기병, 즉 육군이었다. 그런데 관미성, 즉 오두산성을 빼앗기 위해 육군이 아닌 수군을 보냈다는 것은 결국 오두산성이 당시에는 섬이었음을 방증한다. 게다가 모든 방향을 뜻하는 8개 방면(사방팔방)이 아니라 7개 방면으로 공격했다는 데서, 나머지 한 개 방면이 배를 제대로 댈 수 없는 반(半)육지화가 진행되던 지형이었음을 추정할 수 있다.

따라서 오두산성의 초기 지형은 부산의 옛 동백섬과 마찬가지로 한쪽이 육지에서 매우 가까운 섬 지형이었던 것으로 이해될 수 있다. 그랬던 오두산성은 오랜 시간에 걸쳐 점점 더 퇴적 작용이 활발해져 완전히 육지화가 되었고, 따라서 지명도 오도성산성(烏島城山城)에서 섬[島]이라는 글자가 빠지고, 그 글자와 비슷한 이름을 가진 오두산성(烏頭山城)으로 바뀐 것 같다.

딸 오두산성 이름이 〈자라〉하고도 관련 있다는 말은 뭐죠?
아빠 그건 아마도 풍수지리 영향 때문인 것 같아.

앞서 오두산성의 다양한 표기 형태 중에서 한글 발음은 같지만 한자는 다른 오두산성(鰲頭山城)도 있다고 했는데, 까마귀 오(烏) 대신 자라 오(鰲)를 쓰고 있다. 이는 단순한 실수가 아니라 풍수지리 때문에 의도적으로 글자를 동음이의어(同音異義語)로 바꾼 예에 속한다. 예로부터 우리나라의 지명은 풍수지리의 영향을 많이 받았는데, 특히 도선국사가 활동하던 신라 말기와 산천비보도감(山川裨補都監)이라는 관청이 있을 정도로 국가의 공식 사상 중 하나로 인정받은 고려 시대에 심했다.

현재 오두산성은 완전히 육지화되면서 한쪽이 내륙 쪽의 작은 산줄기와 연결되었는데, 이는 풍수적으로 볼 때 마치 자라가 몸통에서 머리를 한강 쪽으로 쑥 내밀고 있는 형상이다. 물론 오두산 전망대 자리가 자라의 머리에 해당하고, 연결된 내륙 쪽의 산줄기는 자라의 몸통에 해당한다. 따라서 최초 〈까마귀〉와 관련된 오두산성(烏頭山城)이라는 지명은 훗날 지형의 변화와 더불어 〈자라〉 형상의 오두산성(鰲頭山城)으로 변하게 되었을 것이다. 그러다가 고려 왕조의 몰락과 함께 도참사상과 풍수지리가 퇴조하고, 조선 왕조에서는 합리적인 성리학이 성행하면서 원래의 이름을 되찾은 듯하다.

아빠 오두산성, 아니 관미성은 원래 고구려 성이었을까, 아니면 백제 성이었을까?

딸 이 성을 빼앗기 위해 광개토 대왕이 직접 참전했다면 원래 주인은 당연히 백제였겠죠.

아빠 이 오두산성이 원래 백제 성이었다는 확실한 증거가 있어.

오두산성(관미성)은 삼국 시대에 만들어진 이후 조선 시대까지 줄곧 사용될 만큼 전략적으로 매우 중요한 요충지였는데, 임진강과 한강이 합쳐지는 지점이어서 두 강을 이용하여 내륙으로 출입하는 모든 배를 통제할 수 있는 관문 역할을 했기 때문이다. 또한 발굴 조사 결과에 따르면 오두산성은 내성과 외성의 이중 구조로 되어 있는데, 동벽과 서벽 그리고 북벽이 주를 이룬다. 즉 남쪽 백제의 관점에서 북쪽 고구려의 남하를 저지하기 위함이 주목적이었음을 알 수 있다.

성벽을 쌓는 수법은 험준한 자연 지형을 최대한 활용하면서도 성벽 외부는 위로 올라가면서 안쪽으로 들여쌓고, 성벽 내부는 특이하게도 흙이 아닌 돌로만 채웠는데, 이런 방식은 백제 시대 성곽 중에서도 고식(古式)에 속하기 때문에 백제 성곽 연구에 귀중한 자료로 평가받고 있다. 그리고 최고봉을 중심으로 8부 능선을 따라 마치 띠를 두르듯 산 정상부를 빙 둘러 가며 쌓아 올린 퇴뫼식 산성으로 축조했다. 그렇다면 역사 속에 등장하는 관미성은 어떤 성이었을까? 일단 백과사전에서 관미성을 찾아보자.

관미성(關彌城)

광개토왕릉 비문에 나오는 각미성(閣彌城)과 동일한 성이다. 『삼국사기』에 따르면 고구려 광개토 대왕은 391년 7월에 4만 명의 군사를 이끌고 백제를 공격하여 석현성 등 10여 성을 탈취하고, 10월에는 군사를 7개 방면으로 나누어 관미성을 공격하여 20일 동안 공격한 끝에 함락했다. 이에 백제는 1만 명의 군사를 이끌고 관미성을 탈환하려 했으나 성공하지 못했다. 이후 광개토 대왕은 백제를 공격하여 58성(城)을 취한다. 『삼국사기』에서는 관미성이 〈백제 북쪽 변경 지대의 요새로서 사면이 깎아지른 듯이 가파르고 사면이 바다로 둘러싸인 요새〉라고 기록하고 있다. 관미성의 위치에 대해서는 경기도 파주시 탄현면의 오두산성(烏頭山城)이라는 주장이 있다.[1]

관미성, 즉 오두산성을 고구려에 빼앗긴 백제는 그 후 엄청난 대가를 치러야 했다. 줄곧 백제가 한강의 지배권을 확보하고 있던 당시까지만 해도 백제의 수도는 5백 년 가까

---

1   출처:『두산백과』(www.doopedia.co.kr)

이 한강을 끼고 있는 지금의 서울시 송파구 풍납토성과 몽촌토성 주변에 있었고, 이 시대를 백제의 최고 전성기인 〈한성 백제 시대〉라고 부른다.

관미성은 바로 이 한강 출입구의 관문에 해당하는 최고의 전략적 요충지였고, 그 관미성이 위치한 곳인 파주시의 옛 지명은 교하(交河)였는데, 교하는 곧 〈강이 교차하여 만난다〉는 뜻이다. 여기서 〈만나는 강〉이란 당연히 임진강과 한강이다. 따라서 교하 지역을 손에 넣었다는 것은 임진강과 한강의 주도권을 잡았다는 뜻이며, 한반도 중부 지방의 교두보를 확보했음을 의미한다.

해상에서 도읍인 한성으로 연결되는 가장 중요한 통로를 빼앗긴 백제는 결국 84년 뒤인 475년, 장수왕이 이끄는 고구려군 3만 명의 침입을 받았다. 불과 7일 만에 방어선이 무너진 채 한성 도성은 함락당했으며, 국왕인 개로왕은 탈출하는 도중 고구려군에 붙잡혀 참수되고 말았다. 이후 백제는 개로왕의 아들인 문주왕이 수도를 웅진(현재의 공주)으로 옮겨 〈웅진 백제 시대〉를 열어야만 했다.

딸 고구려가 한성 백제를 무너뜨렸다고 하셨는데, 원래 고구려와 백제는 모두 고주몽의 후손들 아닌가요?

아빠 맞아. 주몽의 장남 유리가 한반도 북부의 고구려를 이어받았고, 이복형제이자 차남과 삼남인 비류와 온조가 남하해서 한강 유역에 백제를 세웠지.

백제의 시조 온조왕도 고구려를 건국한 동명 성왕 주몽의 아들이었다. 따라서 족보상으로는 고구려와 백제 모두 한반도 북부 및 만주 일대를 장악했던 부여에서 갈라져 나온 나라다. 심지어 백제의 왕족은 아예 성씨(姓氏)가 모두 〈부여〉였다. 백제의 수도를 웅진에서 다시 사비로 옮긴 제26대 성왕은 국호를 〈남부여〉로 고치기까지 했다. 한성 백제 시대의 마지막 왕이었던 제21대 개로왕이 중국 남북조 시대의 북위(北魏)에 보낸 국서에도 〈신(개로왕)은 고구려와 더불어 근원이 부여(夫餘)에서 나왔습니다. 선세(先世) 때에는 옛 우의를 두텁게 했는데……〉라는 내용이 포함되어 있다.

그렇게 한 뿌리였던 고구려와 백제는 언제부터 원수지간이 되었을까? 역사적인 기록을 종합해 볼 때, 4세기 중반까지는 고구려와 백제 간에 별다른 충돌이 없었던 것 같다. 그러던 중 4세기 중반 백제에서 걸출한 영웅이 한 사람 등장하는데, 바로 제13대 근초고왕이다. 근초고왕은 활발한 정복 전쟁을 통해 주변에 대한 자신의 영향력을 극대화했다. 먼저 남쪽으로 진출해 전라도 전 지역을 확보한 이후 북쪽으로 방향을 선회했는데, 이러한 북진 정책은 고구려와의 대립을 불가피하게 만들었다.

고구려와의 군사 충돌은 371년에 벌어진 평양성 전투에서 최고조에 달했다. 이때 근초고왕은 고구려의 제16대 고국원왕을 전사시키는 혁혁한 전과를 올리며 최대의 성과를 거두었고, 그 결과 백제는 사상 최대의 국토를 차지하게 되었다.

하지만 고구려로서는 이웃한 백제와의 싸움에서 국왕이 전사하는 치욕을 당한 셈이었다. 이에 고국원왕의 장남인 소수림왕과 차남인 고국양왕까지 절치부심하며 백제와의 복수전을 벌였지만, 강대국 백제의 힘 앞에 번번이 무릎을 꿇어야만 했다. 하지만 고국양왕의 아들이자 고국원왕의 손자인 〈담덕〉이 왕위에 오르면서 상황은 180도로 바뀌었다. 바로 그가 광개토 대왕이었던 것이다. 이후 전세는 다시 고구려에 유리하게 돌아갔고, 한성 백제는 관미성을 빼앗긴 이후 쇠락의 길로 접어들었다.

딸 결국 광개토 대왕에게는 이 오두산성이 할아버지

30

고국원왕에 대한 복수의 시작점이 되겠군요!

아빠 그런 셈이지. 자, 이제 배도 출출한데 헤이리로 가서 맛난 음식도 먹고, 그다음에는 삼국 시대 때부터 6·25 전쟁 때까지 최대 격전지의 하나였던 칠중성으로 가보자!

적성향교 입구

문화재 정보

(1) 칠중성(사적 제437호)

(2) 적성향교(향토유적 제3호)

(3) 영국군 설마리 전투비(국가 등록문화재 제407호)

위치 정보

(1) 칠중성: 경기도 파주시 적성면 구읍리 산148

(2) 적성향교: 경기도 파주시 적성면 구읍리 476-1

(3) 설마리 전투비: 경기도 파주시 적성면 마지리 산2-2

주변 볼거리

파산서원, 파평 용연, 감악산 출렁다리, 운계폭포

2
칠중성의 영국군은
〈한국판 스파르타 300〉이었다
칠중성, 술탄(戌灘)을 감시하다

371번 지방 도로에서 적성향교 진입로 쪽으로 들어
가는 중

딸   칠중성(七重城) 표지판 밑에 적성향교라고 쓰여
있어요. 한꺼번에 두 곳을 볼 수 있겠네요?

아빠   응, 일단 향교에 잠시 들렀다가 그다음에 칠중
성까지 돌아보자.

칠중성으로 가는 길목에 적성향교가 있다. 향교는 조선
시대에 지방에서 백성들에게 유학을 교육하기 위하여 설
립한 관학 교육 기관이다. 요즘으로 치면 국공립 중고등학
교 정도에 해당한다. 그러나 교육 기관이라고 하여 교육 기

능만 있는 것이 아니라, 공자(孔子)를 비롯한 유교 선현들의 위패를 모시고 제향을 받들면서 그 지방의 풍속을 교화하는 기능도 담당했다. 조선 후기에는 교육 기능의 대부분이 사립 교육 기관인 서원(요즘의 사립 중고등학교에 해당)으로 넘어가면서 향교에는 주로 제향 기능만 남게 되었는데, 적성향교도 예외는 아니었다.

도로에서 50미터쯤 들어가면 적성향교 입구에 도착하는데, 외삼문 앞에는 홍살문이 당당하게 서 있고, 홍살문의 왼쪽 기둥 옆에는 하마비가 서 있다. 상식적으로 많이 알려진 대로 홍살문의 붉은색은 부적처럼 벽사(辟邪: 악귀를 물리침)의 의미가 있고, 화살 모양의 나무살도 나쁜 액운을 공격한다는 뜻을 담고 있다. 그런데 홍살문은 이두식 표현이다. 제대로 문법에 맞게끔 하려면 화살 전(箭) 자를 써서 홍전문(紅箭門)이라고 하거나 단순하게 홍문(紅門)이라고 해야 한다.

홍살문 옆의 하마비는 까마귀처럼 새까만 오석(烏石)으로 되어 있어, 원래의 것이 아니라 근래에 만들어졌음을 알 수 있다. 왜냐하면 우리나라에서 오석이 생산되는 곳은 충남 보령뿐이며, 그 외의 지역에서는 구할 수가 없다. 따라서 보령 지역을 제외한 곳에서 비석 등, 한 사람이 쉽게 운반할 수 없는 큰 석조 구조물을 오석으로 세웠다면 그것은 차량으로 무거운 석재를 운반했다는 뜻이며, 그 시기는 최소한 차량이 도입된 일제 강점기 이후라는 뜻이 된다.

하마비에는 큰 글씨의 한자로 〈下馬碑〉라고 쓰여 있는데, 〈말(또는 가마)에서 내리라〉는 뜻이다. 또 그 옆의 작은 글씨 〈皆大小人(개대소인)〉은 〈어른 어린아이 가릴 것 없이 모두〉라는 뜻이다. 그런데 적성향교 하마비는 보편적인 하마비와 비교했을 때 약간 변형된 모습이다. 원래 하마비는 〈大小人員皆下馬(대소인원개하마)〉라고 쓰는 것이 일반적이다. 여기서 대소(大小)는 〈신분의 고하를 막론하고 누구든지〉라는 뜻이고, 인(人)은 관직이 없는 사람, 원(員)은 관직이 있는 사람을 뜻하므로 인원(人員) 또한 〈누구든지〉라는 말이며, 〈모두 개(皆)〉 자 역시 모든 사람을 뜻하니 〈누구든지〉를 무려 세 번씩이나 겹쳐 표현한 말이다.

딸　홍살문만 있어도 이곳이 신성한 향교임을 알 수 있는데, 왜 하마비까지 세웠나요?

말에서 내리라는 것은 〈예를 갖추라〉는 뜻이다. 그럼 누구에게 예를 갖추라는 뜻일까? 그것은 바로 향교에 모신 공자 앞에서 예를 갖추라는 뜻이다. 오늘날 유명 정치인들이 중요한 결단을 내릴 때 현충원을 찾아 참배하는 것처럼, 과거 유교 사회였던 조선 시대에도 왕을 포함하여 사대부라면 누구나, 어디를 가나 인근에 공자를 모신 곳이 있다면 반드시 찾아뵙고 예를 갖추었다. 그런 이유로 향교는 아무 곳에나 세우지 않았다. 반드시 그 지역의 관청 소재지나 중요한 곳 인근에 세웠는데, 적성향교도 마찬가지였다. 적성향교의 현재 주소가 적성면 구읍리(舊邑里)인데, 구읍은 옛날[舊]에 읍(邑)이 그곳에 있었기 때문에 생겨난 지명이며, 현재 적성면사무소도 직선거리로 불과 1킬로미터 정도 떨어진 곳에 있다.

앞서 향교의 주 기능은 교육과 제향이라고 했다. 그래서 적성향교뿐만 아니라 전국의 모든 향교에는 예외 없이 두 기능을 담당하는 전각이 반드시 독립적으로 존재하는데, 교육용 전각의 이름은 명륜당(明倫堂)이고, 제향용 전각의 이름은 대성전(大成殿)이다. 현재 적성향교도 앞쪽의 전각이 명륜당이고 뒤쪽의 전각이 대성전이다.

전국 각지에는 명륜동이라는 지명이 많은데, 그 이유는 바로 그 지역 향교의 명륜당에서 따왔기 때문이다. 경주 교동법주의 교동(校洞), 교촌치킨의 교촌(校村), 교리김밥의

36

교리(校里)도 모두 향교 때문에 생긴 지명이다. 교육용 전각의 이름이 명륜인 이유는 『맹자(孟子)』 「등문공(滕文公) 상편」 제3장에 〈학교를 세워 백성을 가르치는 것은 모두 인륜을 밝히는 것이다(學則三代共之 皆所以明人倫也)〉라는 구절에서 인륜[倫]을 밝힌다[明]는 뜻의 명륜(明倫)을 뽑아냈기 때문이다.

한편, 공자의 위패를 모신 전각을 대성전이라고 하는 이유는 공자 사후 원나라 성종 때(1307) 공자의 시호를 높여 〈대성지성문선왕(大成至聖文宣王)〉이라고 했기 때문이다. 현재 적성향교 대성전에는 공자의 위패만 모신 것이 아니라 안자(顔子), 증자(曾子), 자사(子思), 맹자(孟子) 등 유교의 4성(聖)을 공자 좌우에 함께 모셔 5성위(聖位)를 이루었다. 또한 송나라 때 성리학을 완성한 정자(程子)와 주자(朱子)도 송조 2현(宋朝二賢)으로 모셨고, 우리나라의 뛰어난 유학자 18인(東國十八賢)도 함께 모셨다.

아빠　조선 초기 문신으로 「고사관수도(高士觀水圖)」라는 문인화를 그린 강희안이란 이름을 들어 봤니?

딸　그럼요, 「고사관수도」는 교과서에도 나오는 엄청 유명한 그림인걸요.

아빠　그 강희안과 강희맹이란 사람은 친형제인데, 둘 다 글과 그림에 뛰어났어. 인터넷 검색하지 말고, 혹시 누가 형이고 누가 동생인지 알겠니?

딸　검색하지 않고 무슨 수로 그걸 알 수 있겠어요?

조선 시대에 조금이라도 글공부를 했던 사람이라면 강희안(형)과 강희맹(동생)의 형제 서열을 누구나 쉽게 알 수 있었는데, 왜냐하면 강희안은 공자의 수제자인 〈안자(안회)〉에게서 이름을 따왔고, 강희맹은 공자가 죽고 나서 약 백 년 후의 사람인 〈맹자〉에게서 이름을 따왔기 때문이다. 조선 시대에 향교 대성전에 모신 5성(聖)에 관해서라면 서당에 다니는 꼬마들도 모두 아는 상식에 속했다.

적성향교로부터 약 4백 미터를 더 들어가면 칠중성 터가 나온다. 2백 미터 정도는 포장이 되어 있으나 길이 좁고, 나머지 2백 미터가량도 비포장 산길이므로 사륜구동차가 아니면 올라가기 힘들다. 적성향교 주차장에 주차하고 걸어가는 편이 낫다.

딸　헉, 헉, 애고 힘들다. 평소에 운동 좀 열심히 할걸…… 그래도 정상에 올라오니 앞이 탁 트여서 전망이

너무 좋아요! 임진강 주변이 한눈에 들어오네요! 왜 이
곳에 성을 쌓았는지 굳이 설명이 필요 없을 것 같아요.
그런데 칠중성(七重城)이라고 해서 일곱 겹으로 된 성인
가 생각했는데, 그건 아닌가 봐요. 게다가 온통 참호랑
군사 시설들이 가득해서 이곳이 문화재라는 생각은 전
혀 안 들어요.

아빠　칠중성은 임진강의 옛 이름인 칠중하(七重河)
에서 유래한 것으로 보여. 칠중하를 직역하면 〈강이 일
곱 겹〉이라는 뜻인데, 임진강이 뱀처럼 구불구불 흐르다
보니 여러 겹으로 겹쳐 보여서 그런 이름이 붙은 것 같아.

칠중성은 임진강에서 2킬로미터 정도 떨어져 있고, 해발
고도가 겨우 148미터인 중성산에 축조한 퇴뫼식 산성이다.
그러나 칠중성 정상 전망대에서 북쪽을 바라다보면 임진
강을 중심으로 한 넓은 지역이 한눈에 들어온다. 게다가 남
쪽으로는 감악산 옆을 끼고 양주와 의정부를 거쳐 서울로
직접 연결되는 371번 지방 도로의 길목에 있다. 즉 전략적
요충지라는 뜻이다. 그래서일까? 삼국 시대부터 6·25 전쟁
때까지 이곳은 서로 뺏고 뺏기는 치열한 각축장이었다.

4세기까지 한강과 임진강을 포함하는 한반도 중부 지역

은 백제가 다스리고 있었다. 그러나 앞서 오두산성 편에서 살펴본 것처럼 5세기에 접어들면서 이 지역은 광개토 대왕과 장수왕이 이끄는 고구려의 영향력 밑으로 들어갔다. 그러다가 6세기에는 진흥왕이라는 걸출한 영웅이 나와 이 지역을 신라의 영토에 편입시켰다. 이에 고구려는 이 지역을 다시 회복하고자 했으니, 전쟁의 피바람은 끊이질 않았다.

『삼국사기』「선덕 여왕조」에는 다음과 같은 기사가 있다. 〈638년, 고구려가 신라의 칠중성을 침범하니 백성이 놀라 산골짜기로 들어갔다.〉 이에 선덕 여왕은 칠중성을 지원하기 위해 알천(閼川) 장군에게 병력을 주고 급히 출동하도록 했다. 칠중성에 도착한 알천은 병력을 재정비한 후, 예상과는 달리 수세적인 농성전이 아니라 성문을 열고 나와서 고구려군과 전면전을 펼쳤다.

이때 고구려군은 남쪽으로는 칠중성을 바라보고 북쪽으로는 임진강을 등진, 일종의 배수진 형태였다. 일단 전투가 벌어지자 전황은 신라군에게 유리하게 돌아갔다. 배수진 형태의 고구려군은 옴짝달싹 못 하는 처지였지만, 신라군은 싸우다 지치면 성안에 들어가 잠시 휴식을 취하거나 재충전한 교체 병력이 새롭게 투입되었다. 시간이 갈수록 불리해지자 고구려군은 퇴각할 수밖에 없었고, 이 틈을 놓치지 않고 공략에 나선 신라군은 대승을 거두었다.

> 딸 〈공격이 최선의 방어〉라는 말이 생각나요. 알천
> 장군, 참 멋있다!

그로부터 22년 후인 660년, 고구려는 다시 칠중성을 공략하여 이번에는 함락에 성공했다. 660년이면 신라가 백제를 무너뜨린 해이다. 따라서 고구려는 신라가 백제에 한눈파는 사이에 칠중성을 손에 넣은 것으로 볼 수 있다. 그러나 그 기간이 그리 오래가지는 못했다. 혼자 힘으로는 삼국 통일이라는 목표를 도저히 감당할 수 없었던 신라는 당시 세계 최강이었던 당나라와 손을 잡고 나당 연합군을 조직하여 협공으로 먼저 백제를 쓰러뜨렸다. 그러고 나서 동북아 최강국인 고구려를 잡기 위해 평양성으로 진군을 시작했는데, 평양으로 가기 위해서는 길목을 막고 있는 칠중성을 다시 빼앗아야만 했다. 그리하여 칠중성을 고구려에 넘겨준 지 7년 만인 667년 칠중성을 되찾았고, 그 이듬해에는 드디어 평양성까지 함락시켜 삼국 통일의 대업을 달성했다.

삼국 통일이 되면서 이제는 칠중성에도 평화가 찾아오나 했는데, 이번에는 난데없이 당나라가 〈대동강 이하로는

신라에 주겠다〉라는 애초의 약속을 뒤집고 한반도를 몽땅 집어삼키려고 도발을 했다. 이에 숨 쉴 틈도 없이 나당 전쟁이 벌어졌다. 하지만 세계 최강인 당나라의 공격을 쉽게 막아 내지는 못했고, 675년에는 일시적으로 칠중성이 당의 공격에 무너지기도 했다. 그 때문인지 칠중성에서 남쪽으로 약 2킬로미터 정도 떨어진 감악산 입구에는 〈설마리〉라는 동네가 있는데, 그 지명의 유래를 살펴보면 나당 전쟁 당시 당나라 장수 〈설인귀〉가 칠중성을 함락시키고 감악산까지 말을 타고 와 훈련한 곳이어서 그런 이름이 생겨났다는 설이 있다.

아빠 칠중성의 비극은 20세기에도 이어졌어.
딸 20세기라면 6·25 전쟁 말인가요?

1951년 4월 22일, 칠중성에는 영연방군 제29 여단 소속 글로스터Gloucester 대대가 주둔하고 있었다. 칠중성의 뜻이 글자 그대로는 일곱 겹의 성(城)이었기에, 그들은 자기들이 주둔하던 그곳을 〈캐슬Castle 고지〉 또는 해발 고도를 따서 〈148고지〉라고 불렀다.

시계를 잠시 거꾸로 돌려 보자. 1950년 북한의 기습 남침으로 6·25 전쟁이 발발한 이후 낙동강 전선까지 밀렸던 국군과 유엔군은 9월 15일 인천 상륙 작전을 성공시켜 전세를 뒤집는 데 성공하고, 9월 28일에는 서울을 수복했으며, 10월 말에는 압록강 근처까지 진출했다. 통일을 눈앞에 둔 바로 그 순간, 중공군 개입으로 인해 전세는 다시 뒤집혔다.

1951년 1·4 후퇴로 서울을 다시 공산군 진영에 넘겨준 뒤, 경기도 오산까지 밀렸던 국군과 유엔군은 1월 9일 전열을 재정비하여 총반격에 나섰다. 3월 14일에 서울을 또다시 되찾았고, 3월 말에 동부 전선에서는 38선 이북으로 진격하기도 했으나 서부 전선에서는 대체로 임진강을 경계로 밀고 밀리는 양상이 이어졌다. 영국군 글로스터 대대가 칠중성에 주둔하던 시기가 바로 이때였다.

당시 글로스터 제1대대장의 부관이었던 앤서니 패러호클리의 자서전 『한국인만 몰랐던 파란 아리랑 *The Edge of the Sword*』에 따르면, 4월 22일 밤 10시경 중공군은 칠중성 앞 임진강을 건너 특유의 인해 전술로 캐슬 고지에 기어오르기 시작했다. 영국군은 적군보다 전투 장비는 월등했으나, 문제는 중공군의 숫자였다. 호클리의 자서전에 나온 표현을 빌리면, 〈낫으로 풀을 베듯〉 적병을 쓰러뜨렸으나 달려드는 수많은 중공군을 막아 내기에는 역부족이었다. 결국, 여섯 시간 동안 모든 탄약을 소비한 글로스터 대대는 칠중성의 148고지를 포기하고 약 2킬로미터 후방에 있는 감악산 인근 설마리의 235고지(글로스터 고지, 영국군 설마리 전투 추모 공원 뒷산)로 후퇴하여 전열을 재정비해야만 했다.

딸   그런데 삼국 시대 때 고구려군도 그랬고, 6·25 전쟁 때 중공군도 그랬다고 하는데, 왜 꼭 칠중성 앞 임진강을 건넜나요?

아빠   임진강의 하류 쪽은 강폭도 넓고 깊어서 배가 자유롭게 드나들었어. 하지만 상류 쪽으로 갈수록 폭도 줄어들고 깊이도 얕아지는데, 경순왕릉 바로 앞의 고랑포를 지나면 배가 더 이상 다닐 수 없을 정도야. 특히 고랑포에서 5킬로미터 정도 상류에 있는 칠중성 앞 임진강은 예로부터 개도 건널 수 있는 개울이라는 뜻에서 개 술(戌), 여울 탄(灘) 자를 써서 〈술탄〉 또는 〈개여울〉이라고 불렸어. 칠중성은 바로 그런 점 때문에 전략적 요충지가 된 거야.

딸   개여울이어서 술탄이라…… 그럼 혹시 파주 광탄이라는 지명에도 여울이라는 뜻이 있나요?

44

아빠　응. 임진강은 워낙 큰 강이어서 지류도 많고, 그 때문에 강과 관련된 지명도 많지. 광탄도 그중 하나야. 출렁다리로 유명한 마장호수 등에서 발원하여 광탄을 지나는 여러 물줄기는 문산천과 임진강으로 합류하면서 넓은[廣] 여울[灘]을 형성하는데, 그것을 한자로 쓰면 광탄이 되는 거야. 또 임진강을 상류로 거슬러 올라가면 연천 전곡을 지나면서 두 갈래로 나뉘는데, 북쪽은 임진강, 남쪽은 한탄강이라고 불러. 한탄강도 큰 강이어서 예로부터 큰[大] 여울[灘]이라고 불렀는데, 이것을 한자로 대탄천(大灘川), 대탄강(大灘江) 또는 〈크다〉라는 뜻의 접두사 〈한〉을 붙여서 한탄강이라고 했어.

1951년 4월 22일 칠중성 전투와 관련하여 웃지 못할 에피소드가 하나 있다. 칠중성 148고지에서 겨우 6백여 명의 1개 대대 병력으로 무려 3만여 명의 중공군을 상대해야 했던 영국군 글로스터 대대장 칸 J. P. Carne 중령은 사태의 심각성을 유엔군 사령부에 보고했는데, 문제는 보고 내용이 너무 영국식이었다는 것이다. 보고서 문구를 그대로 인용하면 We're in a bit of sticky situation인데, 이것을 직역하면 〈우리는 약간 곤란한 상황에 처해 있습니다〉라는 뜻이다.

신사의 나라 영국에서는 이 정도 문구만으로도 상대방이 심각한 위험에 처해 있다는 것을 쉽게 인지할 수 있으나, 직설적 화법에만 익숙한 유엔군 사령부의 미군 장성은 이를 대수롭지 않게 여겨 초기 지원에 적극적이지 않았고, 이는 고스란히 영국군의 피해로 이어졌다고 한다.

그러나 캐슬(148) 고지에서의 전투가 끝이 아니었다. 설마리의 글로스터(235) 고지로 퇴각한 영국군은 중공군에 의해 사방이 완전히 포위되어 버렸고, 설상가상으로 후방의 유엔군 지원 병력도 좁은 산길이 막혀 포병과 공군 이외의 지상군 지원 병력은 아무런 도움이 되지 못했다. 이에 상부에서는 자력으로 포위망을 뚫고 퇴각하라는 명령을 내렸지만, 현실적으로 중공군의 포위망을 돌파하는 것이 불가능하다고 판단한 칸 중령은 비행기를 통한 탄약과 식량의 보급을 긴급 요청하고 후방 포병과 공군의 화력 지원을 추가하여 고지를 사수하려는 작전을 선택했다.

이후 처절한 고지 사수전이 벌어졌다. 비록 포병의 지원 사격과 공군의 공중 폭격 지원을 받았다고는 해도 끝없이 밀려드는 중공군의 인해 전술에는 당할 재간이 없었다. 그나마 3일을 버틴 것도 기적이었다. 고지 방어 3일째 되던 날, 드디어 무전기의 배터리 수명이 다 됐다. 이는 더 이상

후방 포병의 지원 사격과 공군의 지원을 받을 수 없다는 뜻이었다. 무전기 배터리가 완전히 방전되기 직전에 상부로부터 받은 마지막 전문은 다음과 같았다. 〈귀 대대는 자력으로 포위망을 돌파하여 여단과 합류하라, 이것이 불가능하면 투항을 허락한다.〉

이 전투를 통해 영국군은 59명이 전사했고, 부상자 180명을 포함해 약 530명이 포로가 되었으며, 겨우 69명만이 탈출에 성공했는데, 이는 영국군 제29여단의 30퍼센트에 해당하는 병력 손실이었다. 또한, 포로 생활 중에 전사한 사람도 30명이나 되었다. 한마디로 설마리 전투에서 영국군 1개 대대가 궤멸당한 것이다. 그러나 그들의 희생은 전혀 헛되지 않았다. 왜냐하면 그들이 벌어 준 3일간의 여유 덕에 국군과 유엔군은 서울을 완벽히 방어할 준비를 마칠 수 있었고, 더 이상 뒤로 밀리지 않았기 때문이다. 따라서 영국군의 설마리 전투는 패배에도 불구하고 6·25 전쟁사에서 가장 성공적인 고립 방어의 대표적인 전례로 기록되고 있다. 한마디로 칠중성의 영국군은 〈한국판 스파르타 300〉이었다.

영국군 설마리 전투 추모 공원 내 〈영국군 설마리 전투비〉 앞에서

딸 이분들이 대한민국을 지켜 주신 고마운 분들이군요.

아빠 그렇지. 타향 만 리 이국땅에서 세계 평화를 위협하는 무리에 맞서 고귀한 생명을 바치신 분들이야. 이분들 덕에 우리가 지금 여기에 있는 거야.

영국군 설마리 전투비는 주변의 돌들을 채석하여 쌓아 올리고, 상하 각각 두 개씩 모두 네 개의 비(碑)를 부착하여 만들었다. 영국군이 목숨을 걸고 사수하고자 했던 235고지(글로스터 고지)가 바로 전투비 뒤쪽 산 위에 있다. 네 개의 비 중에서 좌상의 것에는 유엔기를 새기고, 우상의 것에는 글로스터 부대 표지를 새겼다. 또한 좌하의 것에는 한글로, 우하의 것에는 영문으로 당시 전투 상황을 간략히 기록했다. 유엔군의 참전 상황을 실증적으로 보여 주는 중요한 문화유산이다. 1957년 추모비가 건립된 이후 매년 합동 추모식이 거행되고 있으며, 엘리자베스 영국 여왕도 이곳을 다녀갔다.

딸 혹시 설마리 전투에서 생겨난 에피소드 같은 것도 있나요?

아빠 응. 호클리의 자서전에 나오는 나팔 이야기가 있어. 원래 중공군은 인해 전술로 밀고 올 때 심리전용으로 피리를 불고 각종 북과 꽹과리 등을 두들기는데, 그게 상대방에게는 어마어마한 공포심을 안겨 주거든.

딸 상상이 가요. 공포 영화의 한 장면 같아요.

아빠 그때 글로스터 대대장은 군악대장인 부스 하사에게 기상 신호, 집합 신호, 진격 신호 등 각종 신호용 나팔을 불게 했어. 중공군의 피리, 북, 꽹과리 소리는 그냥 소음에 불과했지만, 영국군의 나팔 소리는 군율이 들어간 위엄 그 자체였지. 영국군의 우렁찬 나팔 소리가 울려 퍼지자 신기하게도 중공군의 소음이 일시에 사라졌다고 해. 나중에는 중공군들이 자신들의 피리 소리를 제압하는 영국군 나팔을 빼앗기 위해 나팔 소리를 향해 여러 차례에 걸쳐 집중 공격을 해왔지만, 부스 하사는 불사신처럼 나팔을 불어 대면서 대대원들의 사기를 북돋아 주었고, 후퇴 시에는 중공군이 사용하지 못하도록 수류탄으로 파괴했다고 해.

영국군 설마리 전투비

허준 묘 전경

문화재 정보

허준 묘(경기도기념물 제128호)

위치 정보

경기도 파주시 진동면 하포리 산129

주변 볼거리

임진각, 제3땅굴, 해마루촌, 화석정, 파평 용연, 파산서원

3
허준 선생 앞에 줄을 서시오
민통선 안에서 만나는 허준과 창덕궁 내의원 이야기

사극 부문에서 우리나라 역대 TV 시청률 1위를 기록한 프로그램은 무엇일까? 많은 사람이 혹시 「대장금」이 아닐까 생각하겠지만, 「대장금」은 2위이고 1위는 「허준」이다. 1999~2000년에 방영된 「허준」은 최고 시청률 64.2퍼센트, 평균 시청률 48.9퍼센트를 기록했는데, 지금까지 이 기록은 깨지지 않았고 앞으로도 그럴 것 같다. 심지어 이 드라마로 인하여 전국에 한의학 열풍이 불었다. 그렇다면 허준은 도대체 어떤 인물이고, 어떤 삶을 살았으며, 어디에서 그의 흔적을 찾을 수 있을까?

허준의 묘는 현재 파주시 진동면 하포리에 있는데, 민통선 안쪽에 있어서 개인이 자유롭게 접근할 수는 없다. 하지만 다양한 DMZ 관광 프로그램(예: 임진각 출발)을 검색하여 허준의 묘가 코스 속에 포함된 것을 선택하면 된다.

딸 우리나라 사극 시청률 1위 프로그램이라고 해서 〈동영상 다시 보기〉로 봤는데, 20년 전 드라마였지만 정말 재미있었어요.

아빠 그땐 참 대단했지. TV 방영 시간에는 명동에 사람이 없을 정도였어. 특히 임현식 씨의 〈줄을 서시오〉라는 대사는 CF 광고에도 여러 번 나올 정도로 엄청나게 히트를 했고, 지금도 여기저기에서 많이 쓰이고 있지.

허준의 묘가 발견된 것은 불과 30년도 채 되지 않았다. 재미 고문헌 연구가 한 사람이 우연한 기회에 〈허준 씀(許浚拜)〉이라는 내용이 들어간 편지 한 통을 입수한 후 양천 허씨 족보를 다 뒤져 허준의 묘와 관련된 기록으로 〈하포리 엄동손좌쌍분(下浦里嚴洞巽坐雙墳)〉을 찾아냈다. 이는 허준의 묘가 파주시 진동면 하포리의 엄동이라는 동네에 있고, 무덤의 방향이 손좌건향(巽坐乾向), 즉 북서향이며, 부부를 합장하지 않고 봉분을 쌍으로 나란히 조성했다는 뜻이다.

그러나 하포리는 민통선 안쪽이어서 접근이 쉽지 않았을뿐더러, 그 안에도 수많은 무덤이 있어서 10년 가까이 여기저기를 찾아 헤매야만 했다. 그러던 끝에 1991년 7월 허물어진 한 무덤 근처 땅속에서 두 동강이 난 비석이 나왔는데, 거기에는 다음과 같은 일부가 마모된 명문(銘文)이 있었다. 〈陽平□□聖功臣□浚〉. 아홉 글자 중에서 세 글자는 마모가 심해 읽지 못했지만, 다행히 나머지 여섯 글자만 가지고도 허준의 묘비임을 밝혀낼 수 있었다.

먼저 앞의 세 글자는 〈양평군[陽平(君)]〉으로 허준이 받은 종1품 공신 작위이다. 그리고 가운데의 네 글자는 〈호성공신[(扈)聖功臣]〉으로 임진왜란 때 선조를 모시고 의주까지 호종하는 데 공이 있는 86명의 신하에게 준 칭호이다. 그리고 마지막은 무덤의 주인공 이름, 즉 〈허준[(許)浚]〉이다.

딸   허준 하면 『동의보감』이 자동으로 떠오르는데, 『동의보감』이 왜 그렇게 유명하죠?

아빠   우선 『동의보감』의 뜻부터 제대로 알아볼까?

『동의보감(東醫寶鑑)』은 동국[東], 즉 조선의 의학[醫] 책으로서 후세에 귀감[鑑]이 될 만한 보물[寶]이라는 뜻이다. 의학서라면 원래 중국 쪽이 절대량에서 훨씬 앞서기는 하지만, 『동의보감』은 내용이 매우 체계적일 뿐만 아니라 질병마다 처방을 잘 풀이해서 실제 임상에 곧바로 활용할 수 있게끔 되어 있다. 이런 이유로 조선뿐만 아니라 일본과 중국에서도 여러 번 출판되기도 했다.

한번은 일본에 간 조선 통신사 사절 중 한 명이 갑자기 병이 났는데, 일본인 의사가 치료하러 오자 일본 의술은 믿지 못하겠다며 거부 의사를 밝힌 적이 있었다. 그러자 일본인 의사가 자신은 『동의보감』을 보고 공부했노라 말했고, 그제야 조선 통신사 사절은 안심하고 치료를 받았다는 이야기도 전해진다.

또한 기존의 의서들이 주로 질병 중심으로 서술되었다면 『동의보감』은 사람 중심으로 서술되었는데, 『동의보감』 서문에서 〈병이 같더라도 사람에 따라 치료법이 다르다〉라고 밝히고 있을 정도이다. 그뿐 아니라 원래는 여러 고급 약재를 섞어 복합 처방을 해야만 충분한 약효를 기대할 수 있지만, 비싼 약재가 〈그림의 떡〉인 서민들을 위해 아쉬운 대로 주변에서 쉽게 구할 수 있는 약재를 대체하여 활용하거나, 단 하나의 핵심 약재만을 쓰는 단방 처방을 집어넣어 민간에서의 실용성도 최대한 높였다.

하지만 의서로서 『동의보감』이 너무 뛰어났던 탓에 태양·태음·소양·소음의 사상의학으로 무장한 동무(東武)

이제마가 등장하기까지 무려 281년간 우리 한의학은 의학의 이론적 성장이 정체되는 문제점이 나타나기도 했다.

　　딸　드라마에서 허준은 궁궐에서 어의로 활동하던데, 지금도 궁궐에 그 흔적이 남아 있나요?

　　아빠　창덕궁에 가면 허준의 활동 공간을 볼 수 있어.

　　창덕궁의 정문인 돈화문으로 들어서자마자 약 1백 미터 앞 맞은편에 보이는 곳이 관청들이 모여 있는 궐내각사(闕內各司) 구역이다. 이곳에는 현재 금천(禁川)을 끼고 좌·우측에 내각(규장각), 검서청, 봉모당, 책고, 옥당(홍문관), 선원전, 예문관 등의 전각들이 밀집된 형태로 배치되어 있는데, 허준이 활동하던 내의원은 옥당의 동북쪽에 〈약방(藥房)〉이라는 현판을 달고 있다.

　　창덕궁을 자주 가본 사람 중에는 내의원의 위치를 후원으로 가는 길목의 〈성정각(誠正閣)〉으로 알고 있는 경우도 많다. 왜냐하면 약방의 역할을 나타내는 조화어약(調和御藥: 조화롭게 임금의 약을 짓는다), 보호성궁(保護聖躬: 성스러운 옥체를 보호한다)이라는 두 현판이 현재 성정각의 남쪽 맞은편 건물에 붙어 있고, 결정적으로 약을 찧던 약

절구가 그 앞마당에 있기 때문이다.

그러나 조선 시대에 만들어진 동궐도(창덕궁과 창경궁을 조감도 형태로 그린 대형 그림, 국보 제249호)나 동궐도형(창덕궁과 창경궁의 평면 배치도)을 보면 옥당의 동북쪽에 분명 약방이 있고, 심지어 동궐도에는 약연(藥碾: 약재를 갈아 가루로 만드는 기구)의 모습까지도 선명하게 보인다. 이렇게 한 궁궐 안에 약방이 두 곳이나 있게 된 사연은 순종 때 창덕궁이 개조되면서 기존 궐내각사에 있던 내의원이 헐리고, 현판과 의약 도구들이 옮겨졌다고 하는데, 이때 내의원 전체가 성정각으로 이동한 듯하다.

여기서 한 가지 주목할 것이 있는데, 성정각의 두 현판 〈조화어약〉과 〈보호성궁〉을 자세히 들여다보면 임금을 높이는 차원에서 임금을 뜻하는 글자인 성궁(聖躬)과 어(御) 자를 다른 글자보다 조금 더 위로 올려 쓴 것이 재미있다. 조선 시대에 공식 문서를 한자로 쓸 때 임금을 상징하는 부분은 임금을 높이는 뜻에서 일부러 한 칸을 위쪽으로 내어 쓰기를 한다. 또한, 한자는 원칙적으로 띄어쓰기가 없다. 하지만 임금을 지칭하는 단어가 나오면 임금을 높이는 차원에서 그 앞에서 띄어쓰기를 하는데, 이는 왕세자도 마찬가지이다. 만약 임금과 왕세자가 한 문장 속에 같이 나온다면 어떻게 할까? 임금 앞에서는 두 칸을 띄고, 왕세자 앞에서는 한 칸을 띄어 씀으로써 서열을 확실히 한다.

딸 허준뿐만 아니라 대장금도 내의원에서 활동했을 텐데, 대장금 이야기도 좀 해주세요.

아빠 다른 사료를 통해 비교적 많이 알려진 허준과는 달리 대장금은『중종실록』에만 아홉 차례 단편적으로 등장할 뿐, 다른 기록은 전혀 없어. 하지만 그 아홉 번의 실록 기사만 읽어 보더라도 대장금이 얼마나 대단한 인물이었는지를 알 수 있지.

대장금은 중종 10년(1515)부터 중종 39년(1544)까지 기록이 있으므로, 30년 가까이 궁궐에서 의녀로 활동했음을 알 수 있다. 중종 19년(1524) 12월 15일 기사에서는 기존의 장금(長今)이란 호칭이 대장금(大長今)으로 바뀌는데, 이미 그 당시의 의녀 중에서는 최고 수준에 도달했음을 알 수 있다. 이때 다른 의녀들에게는 급료로서 반(半)체아직(파트타임 근무직)을 주던 것과는 달리, 대장금에게만 전(全)체아직(풀타임 근무직)을 주라는 어명이 내려졌다.

그다음 기록인 중종 28년(1533) 2월 11일 기사에서는 왕

이 여러 달 병을 앓다가 회복되어 내의원 관원들에게 포괄적으로 포상하는 내용이 나오는데, 여기에 대장금이 포함된 것으로 보아, 대장금이 드디어 중궁전(왕비)이나 대비전뿐만 아니라 대전(임금)의 치료에도 관여하기 시작했음을 유추해 볼 수 있다. 또한, 이로부터 11년이 지난 중종 39년 1월 29일과 2월 9일 기사에는 중종의 감기 치료에 대장금이 직접 의료 행위를 하여 포상받은 내용이 나온다. 조선과 같은 봉건적 유교 사회에서 의녀 신분으로 감히 옥체를 직접 치료하는 수준에 이르렀음은 정말 대단한 일이 아닐 수 없다.

1999년 「허준」에 이어 2003년에는 「대장금」도 TV 드라마로 나왔다. 비록 「허준」에는 약간 못 미쳤어도 「허준」에 이어 역대 사극 시청률 2위를 기록하며 흥행에도 대성공을 거두었다. 그런데 「대장금」은 국내보다는 해외에서 더 큰 성공을 거두었고, 특히 중국과 일본에 한정되었던 초기 한류 문화를 기타 아시아 지역과 중동까지 확산시키는 데 혁혁한 공을 세웠다.

단적으로 이란에서 「대장금」의 시청률은 무려 90퍼센트를 웃돌았다고 한다. 한류 드라마 「대장금」이 이란 국영 TV를 통해 방영되자, 이란의 시청자들은 〈장금이〉가 온갖

역경을 이겨 내고 성공하는 과정에서 자신들의 처지를 장금이와 동일시했고, 거기서 감정 이입과 대리 만족을 느꼈던 것으로 분석되고 있다.

한편, 홍콩 등 중화권에서도 역시 「대장금」은 엄청난 성공을 거두었는데, 그 후속작으로 거론된 것은 당연히 「허준」이었다. 대한민국 2위 사극 「대장금」이 대성공을 거두었으니 1위 사극인 「허준」의 흥행 성공은 떼어 놓은 당상이라고 생각했다. 그러나 「허준」은 그리 성공적이지 못했다. 그 이유는 대장금의 주제가 〈음식과 의술〉이라는 투 트랙으로써 다양성이 있었다면, 허준의 주제는 의술 한 가지였기 때문에 단조로워서 중화권 시청자들의 눈높이를 맞추지 못했고, 또한 한의학보다는 중의학이 우월하다는 중화 민족의 선입관도 일부 작용했다. 게다가 2003년의 「대장금」은 Full HD급의 고화질로 제작되었지만, 1999년의 「허준」은 일반 HD급이어서 화질 문제도 영향을 끼쳤다고 한다.

반구정부터 호로고루성까지

「황희 초상」, 황희 선생 영당 내부

문화재 정보

(1) 반구정(경기도문화재자료 제12호)

(2) 황희 선생 영당(경기도기념물 제29호)

(3) 황희 정승 묘(경기도기념물 제34호)

위치 정보

(1)·(2) 반구정, 황희 선생 영당: 경기도 파주시 문산읍 반구정로 85번길 3

(3) 황희 정승 묘: 경기도 파주시 탄현면 정승로 88번길 23-81

주변 볼거리

임진각, 화석정, 파평 용연, 파산서원, 박중손 묘역 내 장명등

4
조선 최대의 가짜 뉴스: 황희는 청백리다!
반구정 철책선에서 황희 정승의 청백리 신화를 뒤엎다

황희 선생 유적지 내 반구정 앞에서

아빠　이 정자의 이름은 짝 반(伴), 갈매기 구(鷗) 자를
써서 반구정(伴鷗亭)이라고 하는데, 직역하면 갈매기와
동반하다, 즉 〈갈매기와 벗한다〉는 뜻이야. 청백리(淸白
吏)의 대표적 인물로 잘 알려진 황희 정승이 노년에 관직
에서 물러난 뒤에 임진강이 한눈에 굽어보이는 이곳 강
변 솔밭 동산에 반구정을 지어 놓고 갈매기가 날아다니
는 모습을 보면서 시문을 즐겼던 곳이야. 서울의 한강 변
에도 반구정과 같은 뜻의 정자가 있는데, 혹시 알겠니?

딸　한강에서 갈매기와 벗하는 정자라…… 모르겠어
요. 제가 아는 정자는 강남의 압구정밖에 없는데…….

아빠　바로 그 압구정(狎鷗亭)이 정답이야!

반구정

　〈익숙할 압(狎)〉 자는 친압(親狎)이라는 표현에서도 알
수 있듯이 버릇없을 정도로 지나치게 친할 때 쓰이는 글자
다. 따라서 압구정은 반구정과 글자는 달라도 〈갈매기와
더불어 벗한다〉라는 뜻은 같다. 압구정은 세조 때의 권신
(權臣) 한명회가 세운 별장 속 정자이자 동시에 그의 호다.
압구정 터는 권신의 대명사인 한명회의 이미지에 걸맞게
서울 강남의 불야성 속에 자리 잡고 있지만, 반구정은 청백
리의 대명사인 황희의 이미지를 충실히 반영한 듯 인적이
드문 임진강 가에 자리를 잡고 있어서, 전혀 의도하지 않은
결과이기는 하지만 묘한 대조를 이룬다.『조선왕조실록』

에는 태종 18년(1418)에 황희가 양녕 대군의 세자 폐위에 반대하다가 임금의 노여움을 사서 교하로 잠시 유배 온 기사가 있는데, 아마도 반구정은 그때 건립된 듯하다.

황희 정승과 관련된 일화는 항간에 많이 알려져 있다. 예를 들어 〈누런 소와 검은 소〉 이야기에서는 비록 짐승 앞에서라도 듣기 싫은 소리를 하지 말라는 교훈을 남기며 〈평상시 신중한 언행〉의 중요성을 강조했다면, 〈여종들의 싸움〉 이야기에서는 평소 남의 말을 경청하는 〈역지사지(易地思之) 습관〉의 중요성을 부각했다. 또한, 정승 자리에 있으면서도 평소 집안 살림이 가난하여 관복이 하나밖에 없어서 더운 여름날 어전 회의에서 무안함을 당했다는 에피소드 등 우리나라 〈청백리의 대표〉 소리를 들을 만한 이야기는 셀 수 없을 정도이다.

그뿐만이 아니다. 김종서와의 일화도 유명한데, 김종서가 북방 6진을 개척한 공로를 인정받아 병조판서가 된 후 회의 석상에서 거드름을 피우며 삐딱하게 앉자, 황희는 병조판서의 의자 다리 하나가 짧은 것 같으니 당장 수리를 하라고 호통을 쳐서 김종서의 무례함을 바로잡았다고 한다.

또한 계란에도 뼈가 있다는 뜻으로, 복이 없는 사람은 아무리 좋은 기회를 만나도 덕을 못 본다는 말인 〈계란유골

(鷄卵有骨))도 황희와 관련이 있다. 황희는 재상 신분임에도 불구하고 집이 너무 가난했기 때문에 세종은 아무 날 하루 동안 전국에서 남대문으로 들어오는 물품을 몽땅 국비로 사서 모두 황희에게 보내라는 어명을 내렸다. 그런데 그날은 공교롭게도 온종일 폭풍우가 몰아쳐서 아무것도 들어오는 물건이 없다가 성문을 닫을 때가 되어서야 누군가가 겨우 달걀 한 꾸러미를 들고 들어오기에, 그것이나마 황희의 집으로 보냈다. 그런데 황희의 집에서 달걀을 삶아 놓고 보니 속이 모두 곯아서 먹을 수가 없었다는데, 곯았다는 〈곯〉의 음과 뼈 골(骨) 자의 음이 비슷해서 와전된 것으로 보인다.

이런 종류의 황희 이야기의 대부분은 민간전승이거나 야사 기록이며, 그것들을 통해 우리는 간접적으로 황희의 성품이 청렴하면서도 매우 강직하다는 것을 알 수 있다. 그런데 놀랍게도 『조선왕조실록』에는 청백리의 표상으로 알려진 황희에 대한 일반인들의 상식과는 전혀 다른 내용이 많이 실려 있다. 황희는 뇌물 수수, 간통, 직권 남용 등 수많은 혐의에 연루되어 여러 차례 탄핵을 받았다. 다만 그때마다 세종 대왕의 무한대에 가까운 신임으로 가벼운 처벌을 받거나, 형식적인 파면 후 곧바로 복직되기를 반복했다. 도

대체 세종은 왜 그랬을까? 결론만 간단히 줄여 말하면, 세종의 관점에서 볼 때 황희가 너무도 정치를 잘했기 때문에 그의 허물을 알면서도 노골적으로 눈감아 준 것이었다.

그런데 황희는 본인만 허물이 있는 것이 아니었다. 황희의 자식들도 사고를 쳤는데, 그것도 엄청난 대형 사고를 3종 세트로 쳤고, 게다가 그 내용이 『조선왕조실록』에도 고스란히 실려 있다. 황희는 황치신, 황보신, 황수신, 황직신이라는 네 명의 적자뿐만 아니라, 황중생(黃仲生)이라는 서얼 자식도 있었다. 황희는 신분 때문에 과거 볼 자격도 없는 황중생을 자신의 권한을 이용하여 동궁(東宮)에서 잔심부름하는 소친시(小親寺) 자리에, 요즘 표현으로 하자면 낙하산으로 밀어 넣었다(이런 것을 〈음서〉라고 한다).

딸 예나 지금이나 낙하산은 참 사회적인 문제로군요!

아빠 얼마 후 세자의 처소인 동궁에서 연이어 도난 사고가 터졌는데, 대대적인 범인 색출 작업에도 불구하고 범인은 잡히지 않았어. 결론부터 말하면, 실제 범인은 황중생이었는데, 아무리 서얼 출신이라도 설마 황희 정승의 아들이 그런 짓을 했겠느냐는 생각 때문에 처음부터 용의 선상에서 그를 제외한 것이 화근이었지.

한편, 세종 18년에 또다시 궁궐 내 절도 사건이 터지게 되는데, 문제는 이 사건이 그동안의 절도 사건과는 차원이 다르다는 것이었다. 왜냐하면 이번 경우는 임금의 재산을 보관하는 내탕고에서 벌어졌고, 또한 도난당한 물건이 일반인은 소장할 수도 없고 어디 가져다 팔 수도 없는 임금 전용의 물건까지 포함되었다는 점이었다. 이번에는 황중생도 용의 선상에 올랐고, 결국 그에게서 자백과 증거물이 나왔다.

그런데 그의 자백 내용에 또 다른 이름이 거론되었다. 장물과 관련하여 튀어나온 이름이 바로 그의 이복형인 황보신(黃保身)이었다. 황중생의 경우에는 황희의 아들이라 하더라도 서얼 출신이기에 어느 정도 어물쩍 넘어갈 수 있었지만, 황보신의 경우는 본처 소생의 적자였기 때문에 차원이 전혀 다른 이야기였다(조선에서 첩의 자식인 서얼은 사람 취급을 하지 않았다는 것을 방증하는 대목이기도 하다). 그야말로 가문에 먹칠 정도가 아니라 똥칠을 한 것이었다.

이쯤 되니 세종도 어쩔 수 없어서 황보신에게 처벌을 내렸는데, 이 과정에서 또 다른 황희의 아들 이름이 새롭게 튀어나왔다. 그것은 바로 황희의 장남, 황치신(黃致身)이었다. 원래 황보신이 받은 처벌 내용 중에는 녹봉으로 주어졌던 과전(科田)을 몰수하는 것이 포함되어 있었다. 그런데 당시 호조 참판(지금의 기획재정부 차관)으로 재직 중이던 황보신의 맏형, 황치신은 몰수 대상인 비옥한 황보신의 과전을 자기가 차지하고, 그 대신 자기가 가지고 있던 척박한 땅을 벌금으로 내놓은 것이었다. 황희의 세 아들(황치신, 황보신, 황중생)이 벌인 막장 드라마는 이런 식으로 진행되었다. 그런데도 그런 아들들을 둔 황희에 대한 처벌은 솜방망이 수준이었다.

딸   그렇다면 전혀 사실이 아님에도 불구하고, 황희는 어떻게 해서 청백리라고 소문이 났어요?

사실, 〈황희의 청백리 신화〉를 만든 것은 황희 개인이 아니라 기득권을 지키려는 조선의 양반 계층이었다. 조선과 비슷한 시기에 왕조가 출범한 중국의 명나라에서는 기존의 〈재상제(宰相制)〉를 폐지하고 황제 독재 체제로 정부 조직을 변화시켰다. 대대로 왕권보다는 신권이 강했던 조선에서는 명나라의 재상제 폐지가 충격적인 뉴스였다. 만일 조선이 명나라의 체제를 따라간다면, 그것은 곧 양반 집단의 기득권 축소를 의미했다.

따라서 조선의 양반 관료 집단은 재상제를 사수할 명분을 찾아야 했다. 양반 관료들은 기득권 관료 집단 안에서 그나마 상대적으로 청렴하면서도 자기 세력이 별로 없어 기존 관료 집단에 큰 위협이 되지 않을 만한 사람을 〈대외 홍보용〉 재상으로 내세울 필요가 있었고, 이런 조건을 모두 갖춘 사람이 바로 황희였다. 황희 자신도 실소득과 관계없이 청렴한 이미지를 대외적으로 과시함으로써 양반 관료 집단의 기대에 부응함과 동시에 자기 자신도 재상직을 오래 지킬 수 있어 일거양득이었다. 이런 이유로 인해 황희의 사후에도 기득권을 지키려는 조선의 양반 계층에 의해 황희의 청백리 신화는 계속해서 확대 재생산되었고, 그 과정에서 그의 부패와 물의는 가려졌다.

딸 그렇다면 황희는 전혀 존경할 만한 인물이 아니라는 뜻인가요?

아빠 아니야. 비록 황희가 개인적으로는 논란의 여지가 많은 것이 분명하지만, 우리가 한 가지 놓치지 말아야 할 것이 있어. 황희는 종교 지도자나 도덕군자가 아닌 현실 정치인이었으며, 누가 뭐래도 조선조 최장수 임명직 재상이라는 사실이야. 그것도 태종과 세종 시대를 거치면서 세자가 양녕 대군에서 충녕 대군으로 바뀌는 등의 정치적인 격랑 속에서도 무려 20여 년을 재상직에 머물렀고, 그 결과가 세종 연간의 태평성대였지.

황희의 24년 재상(우의정 1년, 좌의정 5년, 영의정 18년) 기록은 조선 왕조를 통틀어 전무후무하며, 독재가 아닌 한 있을 수 없는 기록이다. 그렇다면 그 비결은 과연 무엇일까? 황희는 정치 일선에서 강직한 성품으로 원칙과 소신을 지키면서도 때로는 관용의 리더십을 베풀어 조선 왕조의 조기 안정화에 크게 이바지했다. 현실 정치라는 것은 원칙과 소신만이 결코 능사는 아니다. 때로는 반대파를 적절히 포용할 줄도 알아야 하는데, 황희는 그런 강약 조절을 매우 잘한 것으로 평가받고 있다.

또한, 황희에게는 맹사성이라는 훌륭한 정치적 파트너가 있었다. 황희와 맹사성은 정치적으로는 같은 견해를 가지고 있으면서도 성품이 서로 달랐다. 즉 황희가 학자적인 인물로서 분명하고 강직함을 추구했다면, 예술가적 기질을 가진 맹사성은 정치 일선에서 어질고 부드럽고 섬세함을 보여 주었다. 그런 이유로 황희는 주로 이조, 병조 등 정확성과 과단성이 필요한 관서에서 인사, 행정, 군사의 업무

를 맡았고, 맹사성은 주로 예조나 공조 등 유연성이 요구되는 업무를 맡았다.

딸 맹사성에 관한 재미있는 이야기도 있나요?

황희 못지않게 맹사성 역시 청백리로 유명했다. 그는 공적인 업무가 아닌 일에는 결코 역마(驛馬)를 이용하지 않았고, 시종도 없이 혼자서 소를 타고 다니거나 걸어다녔다고 한다. 좌의정이던 맹사성이 고향인 충남 온양에 어른들을 뵈러 들른다는 소식을 접한 안성 현감과 진위 현감은 이참에 맹사성에게 잘 보이려고 그가 지나갈 길을 잘 닦아 놓고 일반인들의 통행을 금지했다. 그런데 온종일 기다려도 좌의정 일행은 전혀 보이지 않고, 해 질 무렵 한 노인만이 혼자서 소를 타고 느릿느릿 그 길을 지나가고 있었다.

이때 현감 일행 중 한 사람이 나서서 좌의정이 갈 길에 웬 무지렁이 노인네가 지나가느냐며 시비를 걸었고, 그 노인은 만들어 놓은 길을 못 갈 이유가 뭐냐고 물었다. 그러자 하인들이 노인을 소에서 끌어내려 현감 앞에 내동댕이쳤고, 현감들도 웬 정신 나간 노인네냐고 하면서 고개를 들어 보라고 한 순간, 현감들은 깜짝 놀라 모두 땅 위에 바짝 엎

드리며 머리를 조아렸다. 그 노인이 바로 맹사성이었던 것이다.

현재 반구정 위쪽에는 정자가 또 하나 있는데, 현판에는 우러를 앙(仰), 그칠 지(止), 돈대 대(臺) 자를 써서 앙지대(仰止臺)라고 적혀 있다. 평소 강직하면서도 오랜 기간 백성들을 위해 정치를 잘한 황희 정승의 높은 뜻을 우러러보라는 뜻이다. 한자에 익숙하지 않은 사람의 경우 〈앙지대〉라는 글자만 놓고 보면 가운데 그칠 지를 잘못 해석해서 우러러보는 것을 그만두라는 뜻으로 해석할 수도 있는데, 그렇게 되면 뜻이 이상해진다. 앙지는 원래 『시경(詩經)』에 있는 〈고산앙지 경행행지(高山仰止 景行行止)〉라는 문구에서 발췌한 것인데, 〈산이 높으면 우러러보지 않을 수 없고, 큰 행실은 그칠 수 없다〉라는 뜻이다.

지(止)는 단독으로 쓰면 〈그치다, 그만두다〉라는 말이 되지만, 다른 동사와 함께 쓰면 〈~에 이르다, 반드시 ~하게 하다〉라는 뜻이 된다. 예를 들어 〈폐지(廢止)〉는 〈없애는 것을 그만두다〉라는 것이 아니라, 〈없앤 상태에 이르다, 반드시 없도록 하다〉라는 뜻이 된다. 똑같은 원리로 〈정지(停止)〉는 〈멈추는 것을 그만두다〉가 아니라, 〈멈춘 상태에 이르다, 반드시 멈추게 하다〉라는 뜻이다. 따라서 앙지는

〈우러러보는 지경에 이르다, 반드시 우러러보게 하다〉, 또
는 〈우러러보지 않을 수 없다〉라고 해석해야 한다.

황희 정승의 묘 앞에서

딸 이곳 황희 정승의 묘는 풍수지리적으로 명당자리
가 틀림없겠죠?

아빠 그렇지, 옛날 사람들은 풍수지리를 신앙처럼
생각했어. 풍수지리는 글자 그대로 바람[風]과 물[水]
을 이용해 좋은 땅[地], 즉 명당을 찾는 이치[理]야. 참
쉽지?

풍수지리설에 따르면, 명당은 땅속에서 샘처럼 명당 기
운이 솟아나기 때문에 공기처럼 가벼운 명당 기운이 흩어
지지 않게끔 될 수 있는 대로 바람이 불지 않는 고요한 곳이
좋다. 그렇다면 노천에서 바람이 불지 않는 곳을 어떻게 찾
을 수 있을까? 예를 들어 산줄기가 주변을 포근하게 감싸
주는 곳의 안쪽이라면 안성맞춤이다. 이때 명당을 둘러싸
는 산줄기 중에서 좌측 산줄기를 풍수 용어로 〈좌청룡〉이
라 하고, 우측 산줄기를 〈우백호〉라고 한다. 풍수와 관련된
이야기 중에서 〈좌청룡 우백호〉가 자주 등장하는 이유는

황희 정승 묘

바로 산줄기를 이용해서 바람을 잠재우기 위함이다.

　그렇다면 사방이 모두 산줄기로 꽉 막혀 있는 분지 지형
은 바람이 전혀 불지 않으므로 최고의 명당이 될까? 아니
다. 그런 곳은 오히려 답답해서 좋지 않은 땅이다. 대체로
세 방향은 막혀서 바람을 잔잔하게 하되, 나머지 한 방향은
열려 개방감을 주는 곳이 좋은 땅이다. 이런 경우, 애써 모
은 명당 기운이 열린 방향으로 흘러 나갈 수가 있다. 이럴
때 추가로 필요한 것이 명당 기운을 한 곳에 가둘 수 있는
물줄기, 즉 명당수(明堂水)이다.

　황희 정승의 묘도 좌·우측 산줄기가 봉분을 에워싸고 있
어서 명당의 기본 조건을 갖추고 있다. 묘의 뒤쪽에서 앞쪽

을 바라볼 때 좌측 산줄기(좌청룡)는 우측 산줄기(우백호)보다 훨씬 기운차게 뻗어 있고, 심지어 묘의 정면까지 이어진다. 반면 우백호는 길이가 상대적으로 짧아서 우측 정면이 외부로 열려 있는데, 그래서 답답함이 없다. 또한, 열린 쪽으로는 논 주변에 실개천이 흐르고 있어 명당 기운이 밖으로 새어 나가지 못하도록 가두는 명당수 역할을 한다.

황희 정승의 묘는 반구정에서 직선거리로 약 4.5킬로미터 남쪽에 있다. 왕릉이 아님에도 불구하고 마치 소규모 조선 왕릉처럼 제법 큼지막한 사초지(언덕) 위에 묘역이 3단으로 넓게 조성되어 있다. 봉분의 규모도 여타 일반 사대부의 무덤보다 큰데, 심지어 봉분의 구조도 매우 특이하다. 다른 묘들은 대체로 봉분 주위가 둥글거나, 최영 장군의 묘처럼 고려 말에 조성된 경우는, 드물지만 사각형이다. 하지만 황희 정승의 묘는 앞부분을 화강암 장대석을 이용하여 전방을 향해 ㄷ자 모양의 3단 호석(護石)을 쌓아 봉분과 연결했는데, 다른 곳에서는 좀처럼 찾아볼 수 없는 형식이다.

세종을 도와 태평성대를 이룩하는 데 평생을 노력했던 그는 1449년(세종 31) 87세로 은퇴했는데, 이듬해인 1450년 세종이 승하한 후 1452년 음력 2월에 90세를 일기로 사망했다. 당시의 평균 수명과 비교하면 황희는 경이적으로 장수한 셈인데, 그의 장남 황치신도 88세까지 살았던 것을 고려하면 집안에 장수(長壽) 유전자가 있는 듯하다. 공교롭게도 황희는 본관이 전라북도 장수(長水)인 장수 황씨이다.

딸   황희 정승은 호가 방촌(厖村)이라는데, 무슨 뜻인가요?

아빠   방촌은 황희 정승이 태어난 동네 이름이야.

사람들은 황희를 조선 시대 사람으로만 알고 있는 경우가 많은데, 의외로 황희는 고려 공민왕 12년(1363)에 개성에서 태어났다. 그가 출생했던 마을은 개가 있는 자리라는 뜻의 〈개 자리 마을〉로 불렸는데, 아마도 풍수지리의 영향으로 생긴 이름인 듯하다. 황희의 호 방촌의 〈방〉 자는 두터울 방(厖)이지만, 그 글자 속에는 삽살개 방(尨)이 들어 있어 황희의 호는 자기가 태어난 동네 이름에서 따온 것임을 알 수 있다.

그리고 황희는 27세인 공양왕 1년(1389)에 문과 대과에 급제한 경력이 있다. 그러나 과거 급제 후 3년 뒤인 1392년에 30세의 젊은 나이로 고려와 조선이 교체되는 격변기의 소용돌이를 지켜보아야 했다.

이 시기 및 황희와 관련된 것으로 두문동 72현 전설이 있다. 조선이 건국되자 황희를 포함한 고려의 유신(遺臣) 72명은 같은 하늘 아래 두 임금을 섬길 수 없다며 개성 두문동에 들어가 외부와 일체 연락을 끊고 고려 왕조에 대한 지조를 지키려고 했는데, 여기서 〈두문불출(杜門不出)〉이라는 고사가 나왔다고 한다. 그러나 두문불출이라는 말은 이미 중국 선진(先秦) 시기의 역사책인 『국어(國語)』 「진어(晉語)」 편과 사마천의 『사기』 「상군열전」 편에도 나오기 때문에 두문동 72현 전설은 후대에 각색된 것임을 짐작할 수 있다.

어쨌든 전설에 따르면, 이성계는 두문동을 향해 조선에 투항하여 협력하라고 계속 요구했으나 거절당하자 두문동을 포위하고 불을 질렀다고 한다. 이때 고려 유신들은 72명이 모두 죽을 수는 없으니 하나만 내보내자고 했는데, 가장 나이가 어렸던 황희가 선택되었다고 한다. 따라서 황희는 어쩔 수 없이 조선에 협력하게 된 경우이므로 정도전과 같은 조선 개국 공신 그룹이 아닌 비주류 소속이다. 그런데도 태종과 세종 같은 임금들은 황희를 중용했는데, 이는 조정에서 공신들의 발언권이 너무 세지는 것을 우려한 왕들의 전략적 선택이었던 것 같다.

현재 황희의 초상화는 두 개가 존재한다. 먼저 조선 말기의 초상화가 채용신(1850~1941)이 1884년에 그린 황희의 영정에는 가슴에 두 마리의 학이 있는 쌍학흉배가 그려져 있다. 그러나 황희가 살았던 시대에는 신하들의 관복에 흉배가 없었으므로 잘못된 그림이다. 그래서 지금은 흉배가 없는 표준 영정이 다시 만들어졌다.

여기서 재미있는 것은, 중국의 예를 따라서 조선 관복에도 흉배를 사용하자는 의견을 끝까지 반대한 사람이 황희였다는 점이다. 세종 28년(1446) 1월 23일 어전 회의에서 문무 관료의 관복에 흉배를 도입하자는 논의가 있었는데, 이때 영의정 황희는 유교의 이념에 따라 검소를 숭상해야 함을 내세워 흉배 착용을 반대했고, 임금도 황희의 의견에 따랐음이 『실록』에 기록되어 있다. 관복에 흉배를 처음 착용한 것은 단종 2년(1454)이었다. 따라서 TV 사극이나 영화에서 조선 초기 태종, 세종, 문종 때 신하들의 가슴에 흉배가 달려 있으면 그것은 고증을 잘못한 것이다.

경순왕릉 묘비와 봉분

문화재 정보

(1) 숭의전(사적 제223호)

(2) 경순왕릉(사적 제244호)

위치 정보

(1) 숭의전: 경기도 연천군 미산면 숭의전로 382-27

(2) 경순왕릉: 경기도 연천군 장남면 장남로 288

주변 볼거리

호로고루성, 연천 학곡리 적석총·고인돌, 당포성, 칠중성, 적성향교, 고랑포

구 역사 공원

5
경기도 연천에 고려 종묘와 신라 왕릉이 있다?
연천에 새겨진 망국의 기억

숭의전으로 가는 길 위에서

아빠 우리는 지금 고려의 종묘로 가고 있어.

딸 고려의 종묘? 그건 고려의 수도였던 개성에 있어야 하는 것 아닌가요?

아빠 사연이 좀 복잡한데, 도착하면 자세히 말해 줄게.

연천 숭의전에 관해 인터넷으로 검색하면 다음과 같은 결과가 나온다.

연천 숭의전지(漣川 崇義殿址) 사적 제223호:

조선 시대에 고려 태조를 비롯한 8왕의 위패를 모시고 제사 지내던 숭의전이 있던 자리이다.

그런데 검색 결과를 자세히 들여다보면 좀 이해가 되지 않는 부분이 있다. 먼저 고려 태조를 비롯한 8왕의 위패를 모셨다고 하는데, 왕의 위패를 모셨다면 분명히 종묘가 맞다. 그런데 고려의 왕이 여덟 명뿐이었을까? 모르긴 몰라도 최소한 조선보다는 더 많았던 것으로 기억하는 사람이 적지 않을 것이다.

또 고려의 종묘가 어째서 수도였던 개경(개성)이 아닌 연천에 있을까? 게다가 망한 나라인 고려의 종묘를 무엇 때문에 조선 왕조가 만들고 제사까지 지냈을까? 이 모든 질문의 답을 하나씩 찾아보자.

딸 상식적으로 생각해 봐도 오백 년에 가깝도록 찬란한 문명을 꽃피웠던 고려 왕조에 종묘가 없을 리 없는데, 그렇다고 이런 외진 곳에 있는 것도 너무 이상해요.

아빠 원래 고려의 종묘는 당연히 개경에 있었지.

1392년에 이성계는 고려 왕조를 무너뜨리고 역성혁명에 성공하여 조선 왕조를 열었다. 여기서 우리가 주목할 점은 이성계가 즉위할 당시, 나라의 수도는 한양이 아닌 고려의 왕도였던 〈개경〉이었고, 즉위식이 열린 곳도 한양의 경복궁이 아닌 개경의 〈수창궁〉이었다. 이성계의 즉위 당시 한양과 경복궁은 존재하지도 않았다.

그뿐만이 아니다. 심지어 1392년 7월 17일 즉위 당일, 이성계는 조선의 왕이 아닌 〈고려의 왕〉이었다. 왜냐하면 1392년 11월에 자기가 세운 새로운 나라의 국호를 〈조선(朝鮮)과 화령(和寧)〉 둘 중에서 어느 것으로 할 것인지를 중국 명나라 황제에게 물어보는 국서를 예문관에서 작성하게 했고, 이듬해인 1393년 2월 15일이 되어서야 중국을 다녀온 사신에 의해 〈조선〉으로 하라는 중국의 재가를 확인했기 때문이다(2014년 이 부분을 소재로 하여 만든 코믹 영화가 김남길, 손예진 주연의 「해적: 바다로 간 산적」인데, 조선 개국 당시 중국 황제가 보내 준 국새를 고래가 삼켜 버렸다는 재미난 설정에서 영화가 시작된다).

따라서 즉위 후 7개월 동안 이성계는 아직 〈고려〉라는 국호를 계속 쓸 수밖에 없었다. 심지어 즉위한 날로부터 9일 후에 반포된 즉위 교서에서는 〈나라 이름은 그전대로 고려라 하고, 의장과 법제는 한결같이 고려의 고사에 의거하게 한다(國號仍舊爲高麗 儀章法制一依前朝故事)〉라고 분명히 선언하고 있다.

딸 그렇다면 이성계는 일시적이나마 고려의 왕이었네요?

아빠 엄밀히 말하자면 고려의 마지막 왕은 공양왕이 아니라 이성계인 셈이지.

한편, 유교권 국가에서는 새로운 왕조가 세워지면 도읍에 왕실 사당인 〈종묘〉와, 땅과 곡식의 신을 모신 〈사직단〉을 만든다. 심지어 왕이 머물 궁궐보다도 먼저 종묘와 사직단을 세우는데, 남향하는 궁궐의 왼편[동쪽]으로는 종묘를, 오른편[서쪽]으로는 사직단을 세우며, 이를 좌묘우사(左廟右社) 또는 좌조우사(左祖右社)라고 한다. 전통 시대의 종묘와 사직단은 단순한 국가 시설이 아니라 국가 그 자체를 의미했다. 사극에서 자주 등장하는 대사 중에 〈나라의 종사를 보존……〉 운운하는 것이 있는데, 여기서 종사는 종묘와 사직을 한꺼번에 이르는 말이다.

왕(王)씨에서 이(李)씨로의 역성혁명에 성공한 이성계도 자기 조상들을 위한 종묘를 새롭게 세우려 했는데, 위치는 당연히 그 당시 수도인 개경이었다. 그런데 개경에는 이미 고려 왕조의 종묘가 있었고, 그 터는 최고 명당 중의 하나였다. 태조 1년(1392) 9월 30일과 10월 13일의 『조선왕조실록』을 보면 임금이 서운관 관원들과 종묘 지을 자리를 논의했는데, 최종적으로 고려 왕조의 종묘를 헐고, 그 자리에 새 종묘를 세우도록 하는 어명이 내려졌다.

이렇듯 이전 왕조의 종묘를 허물고 새 왕조의 종묘를 세우는 일은 중국에서도 흔한 일이었다. 그런 까닭에 현재 중국에는 마지막 왕조인 청나라의 종묘[중국에서는 종묘라 하지 않고 태묘(太廟)라고 한다]만이 남아 있는데, 그나마도 공산 정권이 들어서면서 태묘는 공원으로 조성되어 지금은 노동인민문화궁(勞動人民文化宮)으로 이름이 바뀌었다. 자금성 쪽에서 볼 때 입구의 왼쪽, 즉 톈안먼의 왼편에 있는데 좌묘우사를 따랐다. 당연히 맞은편에는 사직단이 있으며, 이곳도 공원으로 조성되어 있다.

조선 개국 2년 후인 1394년 8월, 이성계는 조선의 수도를 고려의 도읍이었던 개경에서 한때 남경(南京)으로 불렸던 한양으로 천도할 것을 결정하고, 가장 먼저 한양에 새 종묘와 사직단을 만들도록 지시했다. 이성계가 즉위 후 2년이 지나서 굳이 도읍을 한양으로 천도한 목적은 개성에 모든 정치적·경제적·사회적 근거를 둔 기득권 고려 유민 세력을 뿌리째 흔들어서 조선의 왕권을 강화하고자 함이었다. 또한, 왕조가 교체되자마자 고려의 왕족들을 샅샅이 찾아내 박멸시킨 것도 같은 맥락에서 이해할 수 있다.

　딸　처음부터 한양에 도읍을 정하고 조선을 개국했더라면 그리 번거로운 일은 없었을 텐데…….

　아빠　그건 이성계의 역성혁명이 제대로 된 준비 없이 우발적으로 일어났다는 증거야. 그래서 조선이 개국했어도 이성계를 따르는 사람보다 이성계의 라이벌 최영 장군을 그리워한 사람이 많았다고 해.

문제는 그때까지도 고려에 익숙한 민심의 동요였다. 따라서 요즘 표현을 빌리면, 연착륙soft landing을 통해 민심의 동요를 최대한 잠재워야 했다. 그런 차원에서 국호와 국가의 모든 제도를 즉위 후 최소 7개월 동안은 고려의 것을 그대로 사용했던 것으로 보인다. 고려 태조 왕건이 건국 후 즉시 국호를 〈고려〉, 연호를 〈천수〉라고 하며 내치에 전념한 것에 비하면, 이성계는 동요하는 백성들의 눈치를 살피는 한편으로 명나라 황제의 재가를 얻어 역성혁명의 정통성을 조금이라도 강화하려고 했다는 것을 충분히 짐작할 수 있다.

시간이 흐름에 따라 이제는 어느 정도 과거로의 회귀가

현실적으로 불가능하다고 판단되자, 조선 조정에서는 승자의 여유를 보이면서 이전 왕조인 고려에 대해 너그러운 조치를 취하게 되는데, 그중의 하나로 고려 왕조의 종묘를 세우고 제사를 지냄으로써 흩어진 민심을 달래고자 했다. 게다가 건물의 관리도 어렵게 찾아낸 고려 왕조의 후손에게 맡겼는데, 이것 역시 고려 유민을 무마하여 불평을 없애려는 방법의 하나였다.

다만 고려의 종묘를 다시 개성에 세우게 되면 기존 세력이 부활할 수도 있다는 염려 때문에 위치를 개성에서 동쪽으로 약 40킬로미터 떨어진 연천으로 정했는데, 원래 이곳 연천 숭의전 터에는 고려 태조의 원찰(願刹: 망자의 명복을 빌기 위해 건립한 사찰)이었던 앙암사(仰巖寺)가 있었다고 한다. 숭의전은 이성계가 1397년에 고려 태조 왕건의 전각을 세운 것이 그 시초가 되었다. 그러다가 2년 후인 정종 원년(1399)에는 태조 왕건 외에 고려의 혜종, 성종, 현종, 문종, 원종, 충렬왕, 공민왕의 제사를 지냈다. 그 후 세종 7년(1425)에 이르러 당시 조선의 종묘에는 다섯 왕(목조, 익조, 도조, 환조, 태조)만을 모시는데, 고려 왕조의 숭의전에는 무려 여덟 왕을 모시는 것이 합당치 않다는 주장이 나왔고, 이에 조선의 종묘보다는 규모를 축소하여 태조, 현종,

문종, 원종 등 네 왕만을 봉향토록 했다.

민심의 동요를 막기 위해 상대국의 종묘를 존속시키고
자 노력한 사례는 중국 역사에서도 찾아볼 수 있는데, 대표
적인 것을 하나 꼽으면 춘추 시대 때 오자서(伍子胥)의 사
례를 들 수 있다. 오자서는 『손자병법』의 저자인 손무(孫
武)와 더불어 오(鳴)나라 왕 합려(闔閭)를 보좌해 그를 춘
추오패(春秋伍霸)의 한 사람으로 만든 인물이다.

원래 오자서는 오나라 사람이 아니라 초(楚)나라 사람
이었는데, 한때 태자의 스승이었던 오자서의 아버지가 모
함에 빠져 당시 초나라 평왕(平王)에 의해 멸문지화를 당
하고 자신만 간신히 살아남아 오나라로 도망쳐 왔다. 그 후
오자서는 평생 초나라 평왕에 대한 복수심을 불태웠는데,
실제로 오나라를 강국으로 만든 뒤 기원전 506년 초나라로
쳐들어가 수도를 함락시켰다. 그때 오자서가 초나라의 종
묘까지 불태우려 하자, 병법의 달인이었던 손무는 민심의
동요를 우려해 적극적으로 만류했다.

하지만 복수심에 불타는 오자서를 막지 못해 초나라의
종묘는 결국 잿더미로 변했다. 이 사건과 더불어 생겨난 유
명한 사자성어가 〈묘를 파헤쳐 시체에 매질을 한다〉는 뜻
인 굴묘편시(掘墓鞭屍)이다. 오자서가 초나라로 쳐들어갔

을 당시 초나라 평왕은 이미 죽었기 때문에 오자서는 복수를 위해 묘를 파헤치고 시체에 쇠몽둥이로 3백 대를 쳤다고 한다. 이때 초나라의 대부(大夫) 벼슬을 하던 오자서의 어릴 적 친구 신포서(申包胥)는 종묘까지 불태운 만행에 분개하여 이웃 진(秦)나라에 찾아가 7일 동안 먹지도 마시지도 않고 울면서 구원병을 청했고, 이에 감동한 진나라의 임금이 구원병을 보내 초나라를 망국 직전의 위기에서 구한 사실이 사마천의 『사기』에 기록되어 있다.

딸 그런데 숭의전에 모셔진 네 왕은 어떤 이유로 뽑혔을까요?

아빠 그게 다 정치적인 이유가 있는 거야.

현재 숭의전에 모셔진 네 왕은 고려의 모든 왕 중에서도 성리학과 문치주의를 앞세운 조선의 정체성과, 역성혁명을 통한 조선 건국의 정당성을 조금이라도 부각할 수 있는 소수의 왕만 선별한 것으로 보인다. 우선 태조 왕건은 이성계와 마찬가지로 새 왕조를 세운 왕이기에 처음부터 모셔진 경우이다. 두 번째인 현종(顯宗)은 고려의 문치주의를 확립한 왕으로 평가받는데, 고려 최초로 문묘종사(文廟從

祀)의 선례를 만들기도 했다.

세 번째인 문종(文宗)은 현종의 아들이다. 문치를 의미하는 글월 문(文) 자를 묘호로 사용한 것에서도 알 수 있듯이 아버지에 이어 재위 37년간 고려의 문물제도를 크게 정비했는데, 이 시기를 흔히 〈고려의 황금기〉라고 부르기도 한다. 네 번째인 원종(元宗)은 정중부의 난에서 시작되어 62년간 지속된 고려 무인 정권을 무력으로 종식시킨 장본인이다. 따라서 조선의 역성혁명에 어느 정도 명분을 보태 줄 사례가 될 것이다.

초기에는 숭의전에 모셔졌다가 나중에 빠진 네 명의 고려 왕(혜종, 성종, 충렬왕, 공민왕) 중에서 공민왕은 좀 특별한 경우로 꼽힌다. 왜냐하면 최종적으로 숭의전에 모셔지지는 않았지만, 조선의 종묘에 모셔져 있기 때문이다. 서울 종묘에 들어가면 오른쪽에 보이는 망묘루 건물 뒤편에 〈공민왕 신당〉이 있다. 공민왕은 고려의 왕인데, 어째서 조선의 종묘에 모셔져 있을까?

공민왕은 국운이 쇠하여 망해 가던 고려 말에 친원파를 중심으로 한 귀족 중심의 구체제를 부정하고 과감한 개혁 정치를 시도한 군주로 유명한 왕이며, 조선 왕조를 세운 이성계를 발탁한 인물이기도 하다. 따라서 이성계로서는 개

숭의전

인적으로도 매우 고마운 존재일뿐더러, 구체제인 고려를 무너뜨리고 역성혁명을 단행한 자신의 정당성을 한층 더 강화해 주는 목적에 부합해 공민왕을 이용한 듯 보인다.

원래 숭의전은 모든 건물이 6·25 전쟁 때 완전히 전소되었고, 현재 우리가 보는 숭의전은 1970년대에 복구된 것이다. 숭의전의 전체 구조는 돌담으로 둘러싸인 세 개의 구역으로 나뉘는데, 출입구 쪽에서 가장 가까운 구역에는 앙암재(仰巖齋)라는 현판을 단 재실(齋室)이 있다. 재실이란 제례 때 사용하는 향, 축, 폐 등을 보관하고 제사에 참여하는 제관들이 제례 준비를 하며 머무는 곳을 뜻하는데, 앙암재라는 이름은 원래 고려 태조의 원찰이었던 앙암사에서 유래한 것이다.

두 번째 구역에는 전사청(典祀廳)이 있는데, 전사청은 나라의 제사와 증시(贈諡: 죽은 대신이나 장수에게 시호를 내려 주던 일) 등을 맡아 보던 관청으로, 소속 관리인 전사관(典祀官)은 제수를 준비하는 등 제사 준비에 소홀함이 없도록 점검하는 것이 주 임무였다.

마지막 세 번째 구역에는 숭의전의 핵심 건물들이 모두 모여 있다. 가장 중심 건물은 고려 네 왕의 위패를 모신 숭의전(崇義殿)인데, 글자를 직역하여 풀이하면 〈의로움을 숭상한다〉는 뜻을 담고 있다. 그런데 의로움의 의(義)는 방위로 표시하면 서쪽에 해당한다. 왜냐하면 유교에서는 오상(伍常)이라고 하여 지켜야 할 다섯 가지 중요한 덕목이 있는데, 바로 인의예지신(仁義禮智信)이며, 이를 방위로 나타내면 인=동(東), 의=서(西), 예=남(南), 지=북(北), 신=중(中)에 해당한다. 따라서 숭의는 의로움을 숭상한다는 뜻 외에도 서쪽의 개성, 즉 〈고려 왕조를 숭상한다〉는 이중적인 의미를 담고 있다.

그 옆이 숭의전에 위패를 새롭게 모시거나 빼낼 때 위패를 잠시 모셔 두는 이안청(移安廳)으로, 〈위패의 이동을 편안하게 한다〉는 뜻을 담고 있는 일종의 전이(轉移) 공간이다. 건축물에 전이 공간을 따로 두는 목적은 본 건물(숭의전)의 권위를 높이기 위함이다. 마치 비서실을 통하는 것과 비슷하다고 볼 수 있다. 한편, 방향을 달리하고 있는 건물은 고려 16공신의 위패를 모신 배신청(陪臣廳)으로 복지겸, 홍유, 신숭겸, 유금필 등 4태사(四太師)라고 불리는 고려 개국 공신과 함께 배현경, 서희, 강감찬, 윤관, 김부식, 김취려, 조충, 김방경, 안우, 이방실, 김득배, 정몽주 등 대표적인 고려 충신들을 모시고 있다. 배신청은 〈임금을 모시는 신하들의 관청〉이라는 뜻이다.

딸 이렇게 역사적으로 오래되었고, 두 왕조가 서로 얽힌 숭의전이라면 분명 옛날부터 내려오는 전설이 있을 것 같아요.

아빠 아무렴. 그것도 하나가 아닌 두 개씩이나 있지.

숭의전과 관련하여 내려오는 전설 중에는 〈종못[鐘淵]〉 설화와 〈썩은 소〉 설화가 있다. 숭의전 앞에는 임진강이 휘돌아 가면서 아주 깊은 소(沼)가 만들어져 있는데, 명주실 한 꾸러미가 다 들어가는 깊이라고 한다. 원래 숭의전 옛터였던 고려 태조의 원찰 앙암사 경내에는 큰 범종이 있었는데, 어느 날 임진강으로 굴러 물속에 빠지고 말았다. 그 후

나라에 큰 난리나 변고가 일어나기 직전이면 이 못에서 종소리가 울려 퍼져 미리 경고를 했다고 하여, 이 못을 〈종못〉이라 부르게 되었다고 한다.

또한 숭의전 오른쪽 옆 산길에는 평화누리길 제11코스(임진적벽길)의 시작을 알리는 아치 형태의 문이 있고, 이 문을 통과하여 조금만 올라가면 누에머리처럼 생겼다는 잠두봉이 나온다. 이 잠두봉에서 강을 따라 상류 쪽으로 10리쯤 올라가면 연천군 미산면 동이리 임진강 변에 〈썩은소(沼)〉라는 곳이 있다.

고려가 망하고 조선 정권에서 고려 왕족인 왕씨를 멸족하려는 움직임이 있자, 왕씨들은 살아남기 위해 피신한 뒤 전씨(田氏, 全氏), 옥씨(玉氏), 금씨(琴氏) 등으로 성을 바꾸고 살았다. 그런 와중에도 뜻있는 몇몇 왕씨는 송도(개경)의 고려 종묘에 있던 태조 왕건의 신주를 안전한 곳으로 모시고자 했다. 그래서 돌로 배를 만들어 왕건의 신위를 그 배에 모신 후, 송도 앞 예성강에 띄웠다. 하류로 떠내려간 그 돌배는 예성강과 임진강의 합류 지점에 도달하자, 어찌된 셈인지 임진강 쪽으로 역류하여 강원도 철원 인근까지 올라갔다가, 다시 강을 따라 내려와 지금의 미산면 동이리 임진강 변에 멈춘 채 움직이지 않았다.

돌배에 같이 타고 있던 왕씨 몇 사람은 그곳을 하늘이 점지해 준 장소라고 생각하여, 그 근처에 왕건 사당을 지을 마땅한 장소를 물색하려고 쇠닻줄을 매어 놓고 주변을 돌아보았다. 그런 뒤 다시 강가로 돌아와 보니 쇠닻줄은 썩어 끊어지고 돌배가 보이지 않았다. 부랴부랴 하류 쪽으로 가면서 찾아보니 아래쪽으로 10리쯤 떨어진 잠두봉 절벽 아래에 돌배가 있었다. 그래서 그곳에 태조의 신위를 모시고 숭의전이라고 했다. 한편, 쇠닻줄이 썩은 곳을 처음에는 〈썩은 쇠〉라고 불렀는데, 지금은 〈썩은 소〉로 불린다고 한다. 지금도 수면이 아주 잔잔한 청명한 날에 잠두봉 정상에서 임진강을 내려다보면 그때 가라앉은 돌배와 범종이 보인다는 전설이 있다.

경순왕릉 앞에서

딸 개성에 있어야 할 고려의 종묘가 연천에 있는 것도 이상한데, 경주에 있어야 할 신라 마지막 왕인 경순왕의 무덤이 이곳에 있는 것도 이상해요!

아빠 무덤의 위치뿐만 아니라 무덤의 모양은 어떤 것 같니?

딸 자세히 보니 경주에 있는 신라 왕릉 모습이 아니

경순왕릉 묘역

라 조선 왕릉을 빼닮았어요!

　경순왕릉은 DMZ 남방 한계선에서 불과 50미터 떨어
진 곳에 있는데, 왕릉 바로 뒤에 있는 언덕을 남방 한계선
이 관통하고 있다. 그래서 경순왕릉으로 진입하는 도로 옆
에는 〈지뢰〉라는 표지판이 곳곳에 붙어 있어 답사객을 더
욱 긴장하게 만든다. 경순왕은 천년 사직의 신라 마지막 왕
이다. 10세기에 들어서면서 신라는 이미 국력이 쇠할 대로
쇠해진 상태였고, 경순왕 직전 왕인 제55대 경애왕은 신라
의 수도 금성(서라벌, 경주)까지 침입한 후백제의 견훤에
게 포석정에서 죽임을 당했다. 한반도의 주도권을 놓고 고
려와도 경합 중이던 후백제는, 만약 신라를 그대로 합병하
면 민심이 크게 동요할 것을 우려하여 경애왕의 후임으로
경순왕을 꼭두각시로 세우고 돌아갔다.

　이런 상황에서 꼭두각시 왕인 경순왕은 할 수 있는 일이
아무것도 없었다. 따라서 어전 회의를 통해 무의미한 저항
을 하다가 백성들만 희생시키기보다는 차라리 나라를 고
스란히 갖다 바치는 것이 낫겠다는 결정을 내렸고, 투항의
상대로는 고려가 선택되었다. 물론 이 결정에 극력 반대한
사람들도 있었는데, 대표적인 인물이 바로 경순왕의 장남

이다. 그의 이름은 공식 기록에는 남아 있지 않지만, 많은 사람이 그가 삼베옷을 입고 용문산을 거쳐 금강산에 들어가 풀만 먹다가 생을 마쳤다고 하여 마의태자(麻衣太子)라고 불렀다.

비록 고려에 투항했지만, 경순왕에 대한 고려의 대접은 극진했다. 경순왕 개인뿐만 아니라 경순왕을 따라온 많은 신라 귀족들에게도 우대 정책을 폈는데, 이는 다분히 신라의 민심을 얻으려는 조치였다. 심지어 경순왕은 귀순 당시부터 지위가 고려의 태자보다 높았으며, 왕건이 죽은 이후에도 국왕 다음으로 지위가 높은 존재로 인식될 만큼 그 영향력은 대단했다. 또한 천수를 누렸는데, 고려에 투항한 지 43년이 지난 978년에 세상을 떠났으며, 심지어 태조 왕건보다도 35년을 더 살았다.

딸 나라는 망했는데, 어떻게 망한 나라의 임금이 온갖 것을 다 누리고 장수까지도 할 수 있죠? 세상은 너무 불공평해요!

아빠 경순왕을 대부분 〈비운의 국왕〉으로 알고 있는데, 차라리 〈승리한 패배자〉라는 평가가 더 옳지 않을까?

경순왕은 투항 이후 당연히 고려의 수도인 개경에서 생활했다. 그런데 경순왕이 사망하자 고려 조정은 매우 긴박해졌다. 투항 이후 개경에 같이 왔던 대다수 신라 유민들이 장지로 예정된 경주까지 장례 행렬을 따라가겠다고 나서자, 개경이 텅 빌 정도였다고 한다. 게다가 운구가 경주에 도착하면 어떤 일이 벌어질지 장담할 수도 없었다. 민심이라는 것은 순식간에 바뀔 수도 있기 때문이다. 3·1 운동이나 6·10 만세운동도 각각 고종과 순종의 장례식 때 일어난 사건이었다. 고민하던 고려 조정에서 내놓은 결정은 다음과 같았다. 〈왕구불거백리외(王柩不車百里外)〉, 즉 왕의 운구는 도읍에서 백 리를 벗어날 수 없다는, 일견 타당한 논리였다(이 원칙은 조선 왕릉에도 똑같이 적용되었다). 그래서 상징적으로 경주를 향해 갈 수 있는 최대한 거리까지 온 것이 지금의 경순왕릉 자리다.

인생무상이라고 했던가? 살아서는 영화를 누렸어도 죽은 뒤로 시간이 많이 흐르자, 경순왕은 차츰 잊힌 왕이 되었다. 게다가 후손들까지도 무덤을 찾지 않게 되자, 무덤의 존재마저도 한동안 잊히게 되었다. 그러던 중 1746년 영조 때 후손 중 한 사람이 간신히 무덤을 찾아내 국가에 지원을 요청하는 상소를 올렸고, 이에 영조는 사실 확인 후 무덤을 다시 조성하게 하고 〈신라경순왕지릉(新羅敬順王之陵)〉이란 비석을 세우게 했다. 이때 무덤의 형식이 조선 왕릉과 흡사하게 된 것으로 보인다. 그러나 어렵게 찾아낸 경순왕릉은 일제 강점기 때 일제가 향사(享祀) 제도를 폐지하고, 뒤이은 6·25 전쟁과 분단의 격랑 속에서 다시 한번 잊히게 되었다. 그러다가 1973년 이 지역 관할 부대의 장교가 〈신라경순왕지릉〉이라는 비석을 발견함으로써 지금에 이르게 된 것이다. 이 비석에는 6·25 전쟁 때의 총탄 흔적이 많이 남아 있다.

경순왕릉은 372번 지방 도로가 지나가는 고랑포구에서 약 5백 미터 떨어진 곳에 있다. 지금은 이름도 생경한 고랑포구이지만 임진강이 수운에 이용될 때는 운항이 가능한 마지막 지점이기도 했기 때문에, 일제 강점기에는 우리나라 최초의 근대식 백화점인 화신백화점의 분점이 있을 정도로 번창한 포구였다. 또한, 이곳은 DMZ 남방 한계선과 가까워 1968년 무장 공비 침투 사건 때 김신조 일당이 침투한 곳이기도 하다. 현재 고랑포구에는 〈연천 고랑포구 역사 공원〉이 조성되어 고랑포구에 얽힌 역사와 지리적 특성을 가상·증강 현실을 통해 실감 나는 체험이 가능하도록 구현 및 재현해 놓았다.

화석정 전경

문화재 정보

(1) 화석정(경기도유형문화재 제61호)

(2) 파주 이이 유적(사적 제525호)

위치 정보

(1) 화석정: 경기도 파주시 파평면 화석정로 152-72

(2) 파주 이이 유적: 경기도 파주시 법원읍 동문리 산5-1

주변 볼거리

율곡수목원, 율곡습지공원, 반구정, 임진각

6

과연 임진나루 옆 화석정은
선조의 피난길을 밝혔는가?
구도장원공 율곡 이이도 과거에 낙방했었다

화석정(花石亭)은 조선 시대 건축 양식을 따른 정자 건물
로 임진강 가 벼랑 위에 자리 잡고 있다. 현재는 정면 3칸
측면 2칸으로 벽체 없이 사방이 뚫린 구조이지만, 일제 강
점기 때 찍은 사진 등 여러 자료를 종합해 보면 원래는 벽체
에 판벽과 판장문(널빤지로 만든 문)이 달려 있었고, 한쪽
에는 방을 만들고 구들을 놓아 사계절 이용이 가능하게끔
되어 있어서 지금은 원형 복원을 위한 절차가 진행 중이다.

화석정 정자 앞에서

딸   그깟 원형이 뭐가 그리 중요하죠? 그래 봐야 정자
일 뿐인데…….

아빠   아는 만큼 보인다는 말, 알지? 사방이 뚫린 정자
는 단순히 경치를 감상하거나 유흥을 즐기는 목적의 정

자를 뜻해. 하지만 화석정은 그런 단순한 놀이용 목적이 아니라 사계절 학문을 연구하는 연구소의 역할도 했음을 알려 주는 거야.

원래 화석정 건물 자체는 율곡이 아니라 1443년 율곡의 5대조인 이명신이 처음 세웠고, 1478년에 율곡의 증조부 이의석이 건물을 보수하면서 화석정이란 이름을 처음 붙였다. 그 후 율곡이 다시 화석정을 중수해서 여가가 날 때마다 이곳을 찾았고, 관직에서 물러난 후에는 이곳에서 제자들과 함께 학문을 논하며 여생을 보냈다고 한다. 그런데 이 정자는 임진왜란 때 불타고 만다. 그 당시 불에 탄 건물이야 셀 수도 없이 많겠지만, 유독 이 화석정만큼은 불에 탄 사연이 널리 알려져 있다.

일제 강점기 때 일제가 그들의 만주 침략의 목적에 맞도록 새롭게 도로와 철도를 건설하면서 지금의 의주로와 경의선이 주된 교통로가 되었지만, 조선 시대만 하더라도 한양에서 평양으로 가는 주요 교통로는 고양 벽제와 파주 문산을 거친 후, 이 화석정 아래쪽에 있던 임진나루를 건너 장단과 평산을 통과해 가야 했다. 따라서 옛날에는 화석정이 한양-평양 간의 간선 교통로 길목에 있었으며, 임진왜란 때 선조가 피난을 갔던 길도 예외 없이 바로 이 화석정 아래의 임진나루를 거쳐야만 했다.

율곡은 자신이 병조판서로 있을 때 왜적의 침공에 대비해 〈10만 양병설〉 등을 주장했다고 알려졌는데, 당쟁이 치열하던 당시 집권당이던 동인의 탄핵을 받아 관직에서 물러나야만 했다. 하지만 율곡은 전란이 발생하면 선조가 반드시 임진나루를 이용할 것임을 예견하고 평소 화석정 곳곳에 단단히 기름칠을 해두었는데, 율곡이 세상을 떠난 8년 뒤 실제로 임진왜란이 일어났다. 의주를 향해 황급히 몽진을 떠난 선조 일행은 한양을 빠져나와 임진나루에 도착했지만, 칠흑 같은 어둠 속에서 도무지 뱃길을 잡을 수가 없었다. 하지만 피난길을 인도하던 백사 이항복은 미리 단단히 기름칠을 해두었던 인근 화석정에 불을 질렀고, 임금과 백관, 호위 군졸 등을 태운 배는 화석정이 밝혀 준 불빛을 뒤로하며 무사히 임진강을 건넜다는 이야기는 매우 유명하다.

그러나 『조선왕조실록』의 기록을 찾아보면 우리의 상식과는 다른 점이 많다. 『선조실록』에서 1592년 4월 30일 임진강을 건너가는 부분의 기사를 살펴보면 다음과 같이 쓰여 있다. 〈(전략) ……저녁에 임진나루에 닿아 배에 올랐다. 상(上: 상감)이 시신(侍臣)들을 보고 엎드려 통곡하니 좌우가 눈물을 흘리면서 감히 쳐다보지 못했다. 밤은 칠흑같이 어두운데 한 개의 등촉(燈燭)도 없었다. 밤이 깊은 후에 겨우 동파(東坡: 화석정 맞은편 동파리)까지 닿았다……. (후략)〉 당시 『실록』의 내용을 종합해 보면 화석정을 언급한 부분이 전혀 없을뿐더러 불빛이라고는 하나도 없었다는 점을 분명히 하고 있다. 게다가 화석정은 임진나루에서 약 7백 미터나 떨어져 있다. 따라서 화석정이 선조의 피난길에 도움을 주었다는 이야기는 후대에 꾸며 낸 이야기일 가능성이 매우 크다.

한편, 건물 정면에는 한자로 화석정(花石亭)이라는 현판이 걸려 있는데, 왼편에 작은 글씨로 〈병오 사월 박정희(丙吾四月 朴正熙)〉라고 글을 쓴 시기와 사람을 밝히고 있다. 병오년이면 1966년으로 파주의 유림이 성금을 모아 6·25 전쟁 때 소실된 화석정을 다시 복원한 시기와 맞아떨어지며, 이때 박정희 전 대통령으로부터 친필 글씨를 받은 것으로 보인다. 그런데 그 글씨보다도 더 주목할 만한 현판이 내부에 걸려 있는데, 바로 율곡이 8세 때 화석정에서 지었다고 알려진 〈팔세부시(八歲賦詩)〉가 그 주인공이다.

이율곡의 〈팔세부시〉

딸 율곡 선생님이 여덟 살 때 지은 글이라고요? 지금으로 치면 초등학교 1학년인데, 얼마나 글솜씨가 좋은지 한번 볼까요? 헉! 전혀 알아볼 수 없는 한자투성이다! 여덟 살 꼬맹이가 저런 글을 쓰다니……. 그런데 여덟 살 때 지은 글이라는 것을 어떻게 알 수 있나요?

아빠 현판의 가장 우측 구석을 잘 봐. 하얀 바탕에 조그맣고 붉은 글씨로 〈율곡 선생 팔세(栗谷先生八歲)〉라는 글씨가 보일 거야.

율곡은 조선 최고의 천재들 중 한 사람으로 알려져 있고, 이 〈팔세부시〉는 〈구도장원공〉이라는 타이틀과 함께 그의 천재성을 증명하는 대표적인 사례로 꼽힌다. 한편, 구도장원공(九度壯元公)은 글자의 뜻 그대로 〈과거에서 아홉 번이나 장원을 했다〉는 말이다. 과거에서 아홉 번씩이나 장원을 했다면 과거를 최소한 아홉 번은 봤다는 뜻인데, 한 사람이 과거 시험을 왜 그렇게 많이 봤을까? 일반인들은 아마도 이 부분이 쉽게 이해되지 않을 것이다. 그렇다면 조선의 과거 제도를 간단히 살펴보자.

조선의 과거 제도는 시대에 따라 약간씩 규정이 달라졌어도 큰 틀은 바뀌지 않았는데, 첫째, 정규 과거 시험은 3년마다 한 번씩 치렀고, 이를 식년시(式年試)라고 했다. 둘째, 과거 시험의 종류는 문과, 무과, 잡과의 세 부문이 있었다. 셋째, 과거 시험은 단 한 번의 시험으로 합격자를 뽑는 것이 아니라 최종 관문을 통과하기 위해서는 1차 시험인 소과에서 두 번, 2차 시험인 대과에서 세 번, 이렇게 총 다섯 번의 시험을 치러야 했다.

1차 시험인 소과에서는 시험 과목이 두 개로 나뉘는데, 마치 고등학교에서 〈문과〉와 〈이과〉로 나뉘어 대입 시험을 치르는 것과 유사하다고 생각하면 이해가 쉽다. 시험 과목으로 〈유교 경전〉을 선택한 경우는 〈생원시〉에, 작문인 〈시부(詩賦)〉를 선택한 경우는 〈진사시〉에 응시하면 된다. 그래서 생원시에 최종 합격하면 〈생원〉이라 부르고, 진사시에 최종 합격하면 〈진사〉라고 불렀는데, 후대로 오면서 〈생원〉도 〈진사〉라고 부르는 경향이 뚜렷해졌다. 또한 두 번의 소과 시험에서 첫 시험을 〈초시(初試)〉, 그다음을 〈복시(覆試)〉라고 했다.

〈김 초시, 윤 초시〉와 같은 호칭은 소과의 초시에만 합격한 사람을 뜻했다. 만약 그들이 복시까지 합격했으면 〈김 생원 또는 김 진사〉, 〈윤 생원 또는 윤 진사〉라고 불렀을 것이다. 전국적으로 소과의 최종 합격자는 생원 1백 명, 진사 1백 명이었고, 이들에게는 성균관에 입학할 수 있는 자격이 주어졌다. 그리고 원칙적으로 대과는 성균관에서 공부하면서 일정한 조건을 충족한 사람만 응시할 수 있었다.

재미있는 것은 성균관에서의 학점 제도였다. 일반인들의 예상과는 달리 성균관 유생들은 공부나 시험 성적이 아니라 성균관의 식당에 비치된 출석부를 기준으로 하루 두 끼의 식사를 해야만 원점(圓點) 1점을 받았으며, 이러한 원점이 3백 점 이상이 되어야만 대과에 응시할 수 있었다. 따라서 성균관에서의 학점은 출석 성적인 셈이다. 또 하나 재미있는 것은 중세 유럽의 대학에서도 학점 운영을 우리의 성균관과 마찬가지로 식사를 기준으로 했다는 점이다. 그렇다고 성균관에서 시간만 채우면 되는 것은 결코 아니었다. 현재 대학에서 F 학점을 받으면 진급이 안 되는 것처럼 성균관에서는 사서오경의 아홉 과목이 순서대로 정해져 있고, 각 과목의 최소 학습 규정 시간을 채운 뒤 시험을 통과해야만 다음번 과목으로 진학할 수 있었다.

소과에 합격한 뒤 성균관까지 거친 사람들을 대상으로 하는 2차 시험인 대과 시험은 무려 세 번에 걸쳐 치렀는데, 시험 과목은 소과와는 달리 생원시, 진사시의 구분 없이 하나였으며, 첫 시험은 〈초시〉, 두 번째는 〈복시〉, 세 번째는 〈전시(殿試)〉라고 했다. 대과의 초시와 복시를 통해서는 최종 33인을 선발했지만, 합격·불합격만 가릴 뿐 공개적인 세부 우열을 가리지는 않았다. 복시까지 합격한 33인을 대상으로 최종 순위만을 정하는 순위 고사는 바로 임금, 즉 전하(殿下) 앞에서 치르는 마지막 시험인 전시(殿試)였다.

여담으로 『춘향전』의 이 도령이 한양에 가서 과거 급제한 뒤 남원에 암행어사로 내려오는 이야기는, 조선의 과거 제도를 적용해 본다면 현실적으로 도저히 있을 수 없는 일이다. 과거 급제는 시험 한 방으로 끝나는 것이 아니기도 하거니와, 성균관에서의 수학 기간 및 3년마다의 과거 시험(식년시) 주기를 고려해야 하기 때문이다.

딸 아빠 설명을 들어 봐도 이해가 잘 안 돼요. 율곡 이이가 최종 장원 급제까지 모든 시험에서 장원을 차지했다 하더라도 다섯 번이 가장 많은 횟수일 텐데, 어떻게 아홉 번씩이나 장원을 해서 구도장원공이 됐죠? 혹시 소과에서만 장원한 뒤에 대과에서 자꾸 낙방을 해서 4수, 5수를 했나요? 그렇다면 이이는 재수생 출신인가요?

어려서부터 천재성을 보인 율곡은 겨우 13세에 〈진사과 초시〉에서 장원을 했으나, 16세 때 어머니 신사임당이 돌아가시자 3년상을 치르고 인생의 허무함을 느껴 금강산에 들어가 1년을 불교에 심취했었다. 그러고는 하산하여 다시 공부를 시작해 21세에 〈진사과 복시〉에서 또 장원을 했다. 그뿐만 아니라 23세 때 치러진 별시(임시 과거 시험) 초시에서도 세 번째 장원을 차지했는데, 그때 제출했던 답안 〈천도책(天道策)〉은 당시 학계를 놀라게 했을 뿐만 아니라 중국에까지 소문이 퍼졌다고 한다. 훗날 조선에 온 명나라 사신 중에는 〈천도책〉을 지은 사람이 조선 관리 중 누구인지 물어보기도 했다는 말이 있을 정도였다. 그러나 승승장구하던 율곡도 정작 별시의 대과 최종 시험에서는 낙방을 했다. 이때 퇴계 이황은 〈소년등과(少年登科)는 불행〉(어

2부 반구정부터 호로고루성까지

린 나이에 성공하면 세상을 우습게 보고 교만해진다는 뜻)
이라는 송나라 유학자 정이천(程伊川)의 말을 인용하면서
낙방한 율곡을 위로했다고 한다.

율곡이 26세 때는 아버지마저 세상을 뜨는 바람에 또
3년상을 치렀다. 그러고 나서 다시 공부에 매진했는데,
29세 때 밑바닥에서부터 새롭게 시작한 과거 시험에서 조
선 역사를 통틀어 전무후무한 대기록을 남겼다. 정상적이
라면 소과부터 대과까지 총 다섯 번의 시험을 치러야 하지
만, 율곡은 어찌 된 셈인지 소과의 생원과와 진사과에 동시
에 응시하여 총 일곱 번의 시험을 치른 것이다. 그리고 〈진
사과 복시〉를 제외한 여섯 번의 시험에서 몽땅 장원을 차
지했다(진사과 복시에서도 합격은 했으나 1등만 놓친 것이
다). 따라서 23세 이전 세 번의 장원에다 29세 때 여섯 번의
장원으로 구도장원공이라는 영예를 안았다.

딸   이 동네 이름이 〈율곡리〉던데, 율곡 선생님의 호
도 동네 이름에서 따온 거죠?

아빠   응. 이 지방에 내려오는 전설에 따르면 동네 이
름이 처음부터 율곡리는 아니었는데, 율곡 선생의 아버
지 때에 바뀌었다고 해.

율곡의 아버지 이원수는 처가인 강릉에 갔다가 다시 한양으로 오던 길에 들른 대관령의 주막에서 이상한 이야기를 듣게 된다. 자신의 아이가 지금 아내인 신사임당의 몸속에 잉태되어 있는데, 태어날 때 호랑이를 뜻하는 인시(寅時)에 낳게 될 것이므로 일곱 살 때 호환(虎患)으로 죽게 될 운명이라는 것이었다. 화들짝 놀란 그가 호환을 피할 방책을 물어보자 상대는 〈덕을 쌓되 남의 생명 천 명가량을 살리면 됩니다〉라고 답하면서, 〈사람 생명을, 그것도 천 명씩이나 살리는 일은 매우 어려우니, 그 대신 남의 집 사당 신주(神主)의 재료로 쓰여 후손을 이어 주는 밤나무 천 그루를 심으세요. 그리고 아이가 일곱 살 되는 모월 모일 아이를 집 안에 꼭꼭 숨기고, 늙은 중이 와서 아이를 보자고 해도 절대 보여 주지 말고 덕을 쌓은 증거로 밤나무 천 그루를 보여 주면 무사할 것입니다〉라고 했다.

고향인 파주에 온 이원수는 화석정과 자기 집 주변으로 밤나무 천 그루를 정성껏 심고 잘 보살폈다. 아이는 정확히 인시에 태어났고 어려서부터 천재성을 보이며 잘 성장했으니, 그가 바로 율곡 이이다. 그러다 율곡이 일곱 살 되던 모월 모일이 되자, 이원수는 율곡을 집 안 깊숙이 숨기고 동네 청년들을 모아 집을 지키게 했다. 얼마 후 웬 노승

이 염불을 외면서 시주를 청하며, 〈주인 아기는 어디 갔습니까?〉 하고 물었다. 이에 이원수는 소리를 높여 〈네가 어찌 나를 속이느냐! 나도 덕을 많이 쌓았으니 내 자식은 감히 해치지 못한다!〉라고 대답했다. 이원수의 호통에도 노승은 전혀 동요하지 않고 〈무슨 덕을 쌓았습니까?〉라고 물었다.

이원수가 밤나무 천 그루를 심은 것을 말했으나 노승은 눈으로 보지 않으면 믿지 못하겠다고 하여, 이원수는 노승을 직접 데리고 가서 밤나무를 보여 주었다. 그랬더니 노승은 〈과연 천 그루가 맞는지 확인하겠다〉며 하나하나 세어 보는데, 마침 한 그루가 말라 죽어 999그루였다. 이에 노승은 이원수가 거짓말을 했다며 당장 아이를 내놓으라고 윽박지르는데, 별안간 어떤 나무 하나가 사람의 말을 하면서 〈나도 밤나무〉라고 나섰다. 그래서 천 그루가 채워지자 노승은 외마디 비명을 지르며 큰 호랑이로 변해서 도망을 갔다고 한다. 이 일로 인해 율곡 선생은 화를 면하고 훌륭한 대학자가 되었으며, 〈나도 밤나무〉라고 했던 그 나무는 사람을 살린 나무라는 뜻에서 활인수(活人樹)라고 불리게 되었다. 또한 마을 이름도 밤나무골, 즉 율곡이 되었다고 한다.

약간 다른 이야기로는 말라 죽은 나무가 두 그루였는데, 어떤 나무 하나가 〈나도 밤나무〉라고 나섰지만 그래도 한 그루가 모자라자 바로 옆의 나무를 가리키며 〈너도 밤나무〉라고 했다는 설도 있다.

식물의 이름을 지을 때는 여러 접두어가 붙는데, 예를 들어 참나리와 개나리처럼 진짜나 우등한 종을 가리킬 때는 〈참〉을, 가짜나 기존 종보다 열등한 종을 가리킬 때는 〈개〉를 붙이기도 한다. 마찬가지로 식물 이름 앞에 〈너도〉 혹은 〈나도〉가 붙기도 하는데, 식물의 어떤 특징이 다른 식물의 특징과 부분적으로 비슷할 때 붙이는 것이라고 한다. 〈너도밤나무(학명: *Fagus engleriana*)〉는 참나뭇과에 속하는 낙엽 활엽 교목으로 울릉도에서만 자라는 특수종인데, 유전학적으로 밤나무와는 먼 친척뻘이라고 한다. 한편, 〈나도밤나무(학명: *Meliosma myriantha*)〉는 나도밤나뭇과의 낙엽 활엽 교목으로 유전학적으로는 밤나무와 전혀 관계가 없는 완전 별개의 수종이다. 다만 멀리서 보았을 때 외모가 밤나무로 착각할 수 있어서 붙은 이름이라고 한다.

파주 이이 유적 내 자운서원 앞에서

딸 지난번 칠중성 옆의 적성향교도 조선 시대 유학을 교육하기 위하여 설립된 교육 기관이라고 하셨는데, 이 자운서원하고는 어떻게 다르죠?

아빠 같은 유학 교육 기관이라도 향교는 관학, 즉 국공립 학교이고 서원은 사립이야. 그리고 향교는 공자를 위시하여 유교의 중국 성인들과 우리나라의 뛰어난 유학자 열여덟 분을 한꺼번에 모시지만, 서원은 우리나라의 선현(先賢)만 한 분에서 세 분을 모셔. 향교와 서원이 모두 〈제향과 교육〉 기능을 갖추고 있지만, 향교는 제향에 좀 더 무게가 실린 반면, 서원은 교육 쪽에 무게 중심이 있다고 할 수 있지.

화석정에서 약 8.5킬로미터 떨어진 곳에는 율곡을 배향한 자운서원과 율곡의 가족묘가 위치한 〈파주 이이 유적〉이 있다. 자운서원은 1615년(광해군 7) 지방 유림의 건의로 율곡의 학문과 덕행을 기리기 위하여 창건된 후 효종 때 자운(紫雲)이라는 사액(賜額)을 받았고, 숙종 때는 율곡의 제자인 〈사계 김장생〉과 김장생의 후학인 〈현석 박세채〉가 추가로 배향되었다. 고종 때 대원군의 서원 철폐령으로 훼철된 뒤 1969년 복원되어 지금에 이르는데, 맞은편에는 율곡기념관이 있다.

자운서원

　자운서원에서 동쪽으로 약 2백 미터 떨어진 지점에는 율
곡의 가족 묘역이 있는데, 여현문(如見門)이 정문 역할을
한다. 여현문은 〈마치 조상님들을 뵌 것 같다〉라는 뜻이다.
율곡 가족묘의 배치법을 살펴보면 산줄기를 따라 올라가
면서 아래쪽에서 위쪽으로 1) 율곡의 맏아들 이경림의 묘,
2) 율곡의 부모인 이원수와 신사임당의 합장묘, 3) 율곡의
맏형 이선 부부의 합장묘, 4) 율곡 자신과 부인 노 씨의 묘
가 차례로 자리 잡고 있다. 그런데 율곡의 가족묘 배치법에
서 일반인들이 상식적으로 이해하기 어려운 점이 두 가지
있다. 우선 왜 부모의 무덤보다 자식의 무덤이 더 위쪽에
있는가 하는 점이고, 그다음은 주변의 다른 무덤들은 부부
의 묘가 〈합장묘〉이거나 아니면 봉분이 옆으로 나란히 있

는 〈쌍분〉인데, 어째서 율곡과 부인의 묘는 앞뒤로 배치되어 있는가 하는 점이다.

결론부터 말하자면 자식의 무덤을 부모의 무덤 위에 쓰지 못한다는 의식[이를 역장(逆葬)이라고 한다]은 임진왜란 이후인 조선 후기에 과도한 예학(禮學: 예의 본질과 의의, 내용의 옳고 그름을 탐구하는 유학의 한 분야)의 열풍이 불고 나서부터 생긴 것이다. 임진왜란 이전의 무덤에서는 자식의 무덤이 부모의 무덤보다 위쪽에 자리 잡은 경우를 어렵지 않게 찾아볼 수 있다. 즉 무덤 위치로 상하를 정하지는 않았다. 게다가 이미 잘 알려진 것처럼 율곡 집안은 재산 상속에서도 남녀 차별을 두지 않았으며(보물 제477호: 율곡 선생 남매 분재기), 율곡 자신도 정통 성리학자임에도 불구하고 적서 차별과 남녀 차별에 부정적인 견해를 가지고 있었다. 하지만 그런 개혁적인 성향을 보인 율곡임에도 불구하고, 그의 후학들(서인 계통)이 조선 후기 들어 조선을 수구 반동적인 예학의 나라로 만들었다는 사실은 역사의 아이러니가 아닐 수 없다.

한편, 율곡과 부인의 무덤이 보통의 경우처럼 좌우로 나란히 배치된 것이 아니라 앞뒤로 배치된 사연에는 다음과 같은 이야기가 전해 온다. 임진왜란 당시 그의 부인 곡산

노 씨와 그녀의 몸종은 8년 전 세상을 떠난 율곡의 묘소 주변에서 묘를 지켰다고 한다. 그런데 갑자기 들이닥친 왜군들이 노 씨와 하녀를 겁탈하려 하자, 이들은 자결로써 항거했다. 시간이 많이 흘러 전쟁이 끝나자 집안사람들이 시신을 수습하여 장례를 치르려고 했는데, 앞쪽에 있는 두 합장묘처럼 율곡의 묘도 부부 합장묘로 만들려고 했으나 시간이 너무 지난 탓에 노 씨와 하녀의 두 시신 중 어느 쪽이 노 씨인지를 알 수가 없어서 할 수 없이 별개의 무덤으로 만들었다고 한다.

호로고루성 유적지

문화재 정보

(1) 호로고루성(사적 제467호)

(2) 당포성(사적 제468호)

(3) 은대리성(사적 제469호)

(4) 대전리산성

위치 정보

(1) 호로고루성: 경기도 연천군 장남면 원당리 1258

(2) 당포성: 경기도 연천군 미산면 동이리 778

(3) 은대리성: 경기도 연천군 전곡읍 은대리 582-14

(4) 대전리산성: 경기도 연천군 청산면 대전리 산12-2

주변 볼거리

고랑포구 역사 공원, 연천 경순왕릉, 은대 공원, 전곡 선사 박물관

7
호로고루에는 천국으로 가는 계단이 있다?
임진강 변 천혜의 요새들

딸 임진강의 이름은 무슨 뜻이고, 어떻게 해서 생겨 났나요?

아빠 모든 지명은 그 유래가 있지. 임진강도 예외는 아니야.

임진강(臨津江)은 함경남도 덕원군 두류산에서 시작해 남서 방향으로 흘러 파주시 탄현면에서 한강과 합류하는, 우리나라에서 일곱 번째로 큰 강이다. 임진강의 이름은 임 진나루에서 왔다. 임진나루는 옛날부터 〈더덜나루〉 또는 〈다달나루〉라고 불렸는데, 다달나루의 다달은 〈목적한 곳 에 이르다〉라는 뜻의 〈다다르다〉에서 온 말이다. 즉 나루 터에 도착했다는 뜻이다. 따라서 다달나루를 그대로 한자 로 옮기면 〈다다르다〉는 뜻의 임할 임(臨)과 나루 진(津)이

된다.

예로부터 임진강 유역은 고구려·백제·신라 3국의 국경으로 역사적인 격전지였고, 지금도 남북한이 서로 대치하고 있는 접경 지역이기도 하다. 그런 까닭에 임진강은 구간마다 이름이 따로 있을 정도로, 시대별로 각국의 관심이 집중되던 곳이었다.

예를 들어 가장 하류 쪽에는 교하(交河)가 있는데, 이곳은 한강과 임진강이 합쳐지는 곳이라서 〈강물이 서로 교차한다〉 또는 〈어울린다〉는 뜻을 담고 있다. 교하를 고구려 때는 어을매곶(於乙買串)이라고 했다는 기록이 있다. 매(買)는 물을 뜻하고, 곶(串)은 바다 쪽으로 튀어나온 땅이므로, 어을매곶은 〈두 강물이 어울리는 곳〉이라는 뜻을 담은 이두식 한자 표현이다. 또 오두산 통일전망대에서 상류 쪽으로 약 10킬로미터를 더 가면 낙하(洛河)라는 지명이 나오는데, 이는 고대 중국의 수도 낙양 앞을 흐르던 낙수(洛水)를 모방한 이름으로 보인다. 이런 이름은 아마도 광해군 때의 〈교하천도론〉과도 관련이 있을 것으로 미루어 짐작할 수 있다.

그런가 하면 적성면의 칠중성 앞은 〈개여울〉 또는 〈술탄〉이라고 불렀는데, 〈개도 건널 수 있는 얕은 여울〉이라는 뜻이며, 그 때문에 대규모 병력이 한꺼번에 임진강을 건너고자 할 때는 항상 이곳을 노렸다. 같은 이유로 술탄 앞에는 남하하는 적을 막기 위해 육계토성(현재는 농경지로 개발되어 흔적도 찾을 수 없다)과 칠중성이 이중으로 진을 치고 있었다.

술탄에서 4~5킬로미터 정도 더 올라가면 신지강(神智江)이라는 곳이 나오는데, 북쪽 강변의 주소는 연천군 백학면 학곡리다. 학곡리에는 〈학곡리 적석총〉이라는 고대 돌무지무덤이 있는데, 신지가 부족장을 뜻하는 말이므로 신지강은 〈부족장의 무덤 앞을 흐르는 강〉으로 해석될 수도 있다.

그 외에도 적성의 칠중성 앞을 칠중하(七重河)라고 부르기도 했고, 물굽이가 심하여 생김새가 마치 표주박 같다는 뜻에서 〈표하(瓢河)〉, 〈표로하(瓢瀘河)〉, 〈호로하(瓠瀘河)〉라고도 불렀는데, 표와 호는 모두 표주박을 의미한다.

임진강이 전략적으로 중요한 강이었음은 삼국 시대 이래 역사를 통해 여러 번 증명되었다. 북방 오랑캐의 침입이 있으면 한반도의 정권은 예외 없이 강화도로 피신하는 것이 원칙이었는데, 이때 제1차 저지선이 임진강이었다. 따라서 임진강의 주변에는 적병이 강을 건너는 것을 막기 위한 방어 시설이 곳곳에 자리 잡고 있다.

임진강은 고구려가 한강 유역을 잃게 되는 6세기 중반부터 멸망할 때까지 약 120년간 고구려의 최남단 국경이었던 만큼 임진강 북쪽 강가에는 고구려의 평지성들이 전략적 요충지에 들어서 있는데, 현재 3개소가 복원되어 있다. 그중 가장 하류 쪽은 호로고루성이다.

연천 호로고루성 앞에서

아빠 여기가 호로고루성이야. 성 위로 올라가는 곳은 뒤편에 있어.

딸 어? 어디서 많이 본 곳인데? 음…… 알았다! 〈천국의 계단〉이구나!

아빠 천국의 계단?

딸 네, 이곳이 사진 찍는 사람들에게는 실사판 천국의 계단이라고 소문난 곳이에요.

복원된 호로고루성의 뒤쪽에는 위로 올라가는 나선형 돌계단의 끝이 하늘과 맞닿아 있어서 사진을 좋아하는 사람들에겐 포토 존으로 꽤 유명하다. 속칭 〈천국의 계단〉 또는 〈하늘 계단〉으로 불린다. 호로고루는 고랑포구에서 불과 1킬로미터 남짓 상류 쪽에 있다. 고랑포구는 임진강에서 배가 통행할 수 있는 마지막 포구인데, 그 말을 뒤집으면 호로고루 앞은 배가 다닐 수 없을 정도로 강의 수심이 얕다는 뜻이다. 실제로 호로고루에서 강을 따라 4~5킬로미터만 더 올라가면 개도 건널 수 있다는 칠중성 앞의 술탄이 나온다. 따라서 이 지역은 전략적 요충지가 될 수밖에 없다.

호로고루의 어원에 대해서는 두 가지 설이 있다. 먼저 이 부근의 지형이 표주박이나 조롱박같이 생겼다 하여 호로고루라고 불린다는 설이 있는데, 앞서 설명했듯 이 근처를 〈표하〉, 〈표로하〉, 〈호로하〉라고 불렀다는 옛 기록이 있어 신빙성이 있다. 지도를 봐도 이 지역의 강 모습은 마치 표주박의 한쪽 면이나 쌍봉낙타의 등처럼 생겼다. 또 하나의 설은 고을, 들, 벌을 뜻하는 〈홀(호로)〉과 성(城)을 뜻하는 고구려말 〈구루〉가 합쳐져 〈호로고루〉가 되었다는 설이 있다.

호로고루는 개성과 서울을 연결하는 중요한 길목에 자리 잡고 있다. 대규모 병력이 개성에서 서울로 이동할 때, 지금은 최단 코스가 임진각 인근의 통일대교와 임진강 철교를 건너 문산을 거치는 것이지만, 옛날에는 임진강을 건너야 하는 부담 때문에 약 15킬로미터를 동쪽으로 우회하여 호로고루나 칠중성 앞의 술탄을 건넌 뒤 감악산을 끼고 의정부 방면으로 가는 것이었다. 즉 임진강 하류에서부터 배를 타지 않고 도하(渡河)할 수 있는 최초의 여울목이 호로고루이다. 따라서 호로고루를 중심으로 주변의 고랑포와 술탄 일대 임진강은 『삼국사기』에도 여러 차례 전투 기사가 나오고, 또한 6·25 전쟁 때 중공군이 넘어올 정도로 전략적으로도 매우 중요한 지역이었다.

호로고루는 임진강과 샛강 사이에 긴 기다란 삼각형 모양으로 형성된 약 20미터 높이의 절벽이 자연 성벽 역할을 하는 강안평지성(江岸平地城)이다. 외부의 침입이 가능한 동쪽만 성벽을 쌓으면 천혜의 방어 요새가 된다. 발굴 조사에서 동쪽의 성벽 축조 상태를 확인할 수 있었는데, 성의 기단부와 중심부는 점토와 마사토로 판축을 하고 성벽의 내·외 겉면은 한두 겹의 돌로 쌓은 것이 특징이다. 이렇게 토성과 석축성의 장점을 모두 취해 내구성과 방어력을 높였는데, 이는 고구려 수도인 중국 지안의 국내성(國內城)과 평양의 대성산성(大城山城) 등에서도 확인된 고구려의 특징적인 축성 기법으로 추정되고 있다.

연천 당포성 전망대 위에서

딸 와, 경치 좋다! 숭의전에서 겨우 2킬로미터가량 왔을 뿐인데, 풍경이 완전 달라요! 주변이 훤히 다 보이네요.

아빠 풍경이 좋다는 것은 여기가 감시용 방어 시설로 최적지라는 뜻이야.

당포성(堂浦城)은 당개나루(당포나루)로 흘러 들어오는 당개 샛강과 임진강 본류 사이에 형성된 약 13미터 높이의 삼각형 절벽 위에 조성된 강안평지성이다. 입지 조건과 평면 형태는 앞서 살펴본 호로고루 및 뒤에 살펴볼 은대리성과도 매우 유사한데, 이런 삼각형 모양의 강안평지성은 임진강과 한탄강 북안에서만 발견되는 특징이 있다. 지리적으로 당포성은 양주 방면으로 진출하는 길목에 자리 잡은 당개나루의 통제소 역할을 하는 셈이다.

당포성은 자연적으로 형성된 수직 단애(斷崖: 절벽)라는 천연 지형을 최대한 활용했는데, 절벽을 이루지 않는 동쪽으로만 출입할 수 있어서 그쪽에만 석축 성벽을 쌓아 막았다. 발굴 조사에 따르면 당포성의 동쪽 성벽도 기본적으로는 토성과 석축성 기법을 혼용한 호로고루와 크게 다르지

당포성 전망대

않다. 즉 내부는 흙으로 다지고, 외부는 돌로 한두 겹의 성벽을 쌓았다는 뜻이다.

그러나 세부적으로는 차이가 있는데, 성 밖으로 깊이 3미터 규모의 해자가 설치되어 있고, 성벽의 바깥쪽으로는 기둥 구멍이라고 불리는 수직 홈이 일정한 간격으로 남아 있다. 또 그 아래쪽에는 돌확(돌을 우묵하게 파서 절구 모양으로 만든 물건)이 있다. 이 수직 홈과 돌확의 기능에 대해서는 투석기 등 성을 방어하는 장비와 관계된 것, 또는 수압을 낮추기 위한 목적 등 여러 가지 견해가 있으나, 아직 정설은 없는 상황이다. 그런 와중에 체성(體城: 성의 몸체)의 대부분을 이루고 있는 흙의 압력으로 인해 성벽이 밖으로 밀려나는 것을 방지하기 위한 버팀목 역할의 시설이라는 주장이 대체로 힘을 얻고 있다.

한편, 당포성의 성돌은 호로고루와 마찬가지로 성벽 본체는 고구려식으로 현무암을 사용한 반면, 기존 성벽 밖으로 2미터 정도 떨어진 곳에 보강한 새로운 성벽은 신라식으로 화강편마암을 사용했기 때문에 성의 주인이 고구려에서 신라로 바뀌었음을 간접적으로 알 수 있다.

연천 은대리성 진입로에서

딸　여기는 성(城)인지 그냥 작은 언덕이 있는 벌판인지 잘 모르겠어요.

아빠　안쪽에서 보면 그래. 내부의 성벽도 원래는 높이가 6미터쯤 되었지만, 세월이 흐르면서 허물어진 거야. 하지만 강 건너에서 보면 성의 형태를 금방 알 수 있어.

연천 은대리성은 호로고루나 당포성과 마찬가지로 큰 강과 지류가 형성하는 삼각형의 대지 위에 조성된 독특한 고구려식 강안평지성이다. 호로고루나 당포성이 임진강변에 조성되었다면, 은대리성은 임진강에서 갈라진 한탄강 변에 조성되었다는 점이 다를 뿐이다. 은대리성은 연천군 전곡읍에 있는 연천군 보건의료원 바로 옆에 위치해 찾

은대리성에서 바라본 한탄강

기가 아주 쉽다. 은대리성의 위치는 한탄강과 지류인 차탄천이 합류하는 곳인데, 합류 지점에 형성된 마여울은 수심이 낮아 쉽게 건너갈 수 있고, 5킬로미터 정도 하류로 내려가면 임진강과도 합류한다.

은대리성은 지리적으로 추가령 구조곡에 접해 있다. 구조곡(構造谷)은 단층 지형이 만들어 낸 선형 골짜기이므로, 예로부터 교통로로 활용되었다. 『삼국사기』에 따르면 말갈족이 추가령 구조곡을 이용해서 빈번하게 침입해 온 기록이 있으며, 조선 시대에는 한양과 원산을 잇는 경원가도(京元街道)였고, 근대에는 경원선 철도가 개통될 만큼 활용도가 높았기 때문에 수심 낮은 마여울을 끼고 있는 은대리성은 전략적 요충지에 위치했음을 알 수 있다.

은대리성의 남벽과 북벽은 강변의 자연 단애를 이용하고 동쪽에만 지상 성벽을 쌓은 점은 기본적으로 호로고루나 당포성과 마찬가지이다. 그러나 호로고루나 당포성만큼 자연 단애의 높이가 적당히 높지 않아 남벽과 북벽 위에 추가로 지상 성벽을 쌓았으며, 동쪽 지상 성벽의 외벽에는 추가적인 보강용 성벽을 쌓지 않았다는 점이 다르다.

연천 대전리산성 정상에서

딸   오두산성, 행주산성, 북한산성처럼 다른 산성들은 산 이름을 붙이는데, 왜 이곳은 산 이름이 아니라 동네 이름을 붙였나요?

아빠   그건 마을 전체가 산성이기 때문이야.

대전리산성은 연천군 청산면 대전리에 있는 해발 138미터 성재산 산기슭에 있는 산성이다. 수심이 깊은 한탄강이 해자 역할을 하며 바로 옆으로 흐르고, 산 쪽은 급경사 지형으로 이루어져 천혜의 요새 조건을 갖추고 있는 데다, 주변을 조망할 수 있는 탁 트인 시야까지 덤으로 확보하고 있다. 현재 성곽의 위치는 뚜렷하지 않지만, 대체로 산봉우리를 중심으로 둘러쌓았으며, 성벽은 곳곳에 설치된 군사 시설로 인하여 대부분 훼손된 상태이다. 하지만 산 정상으로 올라가는 길의 오른쪽에 성벽의 단면이 일부 노출되어 있어 이곳에 산성이 있었음을 확인할 수 있다.

그런데 대전리산성은 우리 역사 속에 또 다른 이름으로 등장한다. 나당 전쟁 당시 초반에 고전하던 신라는 매소성(매초성) 전투에서 당나라를 물리치고 한반도에서 당군을 완전히 몰아내는 계기를 만들었는데, 매소성 전투 속의 매소성이 바로 대전리산성이다. 그동안 매소성의 위치를 둘러싸고 많은 논란이 있었지만, 1984년 역사편찬위원회의 실측 조사 결과 대전리산성이 기록 속의 매소성이었음을 확인했기 때문에 이제는 학계의 정설로 굳어졌다. 그렇다면 매소성 전투가 우리의 역사에서 차지하는 비중은 어느 정도일까?

독자적인 힘이 부족했던 신라는 당시 세계 최강이었던 당나라와 연합하여 백제와 고구려를 차례로 쓰러뜨리고 삼국 통일이라는 위업을 달성하려는 찰나, 동맹을 맺었던 당나라로부터 배신을 당한다. 당나라는 옛 백제 지역에는 웅진도독부를, 옛 고구려 지역 평양성에는 안동도호부를 설치하고, 심지어 신라에도 계림대도독부를 설치하는 등 한반도 전체를 당의 행정 구역으로 편입시켜 통째로 삼키려는 의도를 드러냈다.

이에 신라는 당나라를 상대로 7년간의 항쟁을 시작하니, 이것이 바로 나당 전쟁이다. 전쟁 초기 전황은 신라가 불리했는데, 특히 672년 8월 석문(황해도 서흥 일대) 전투에서 크게 패하여 신라의 방어선은 대동강 선에서 임진강 선까지 밀리게 되었다. 그러나 나당 전쟁의 분수령인 675년 9월의 매소성 전투에서 10만 이상의 당군을 상대로 신라가 대승을 거두면서 전세는 급격히 신라로 기울었고, 이후 676년 11월 기벌포 전투를 끝으로 전쟁은 마무리되어 삼국 통일의 종지부를 찍었다.

딸 나당 전쟁에서, 특히 매소성 전투와 관련된 재미 있는 에피소드는 없나요?

아빠 원술랑 이야기가 재미있을 거야.

원술랑(元述郎)의 본명은 김원술(金元述)로 김유신(金庾信) 장군의 둘째 아들이며, 어머니는 태종무열왕의 딸인 지소부인(智炤夫人)이다. 일찍이 화랑이 되어 원술랑이라는 이름으로 불렸으며, 그의 이야기는 동랑 유치진에 의해 1950년 연극으로 제작되기도 했다. 이는 원술랑을 주인공으로 하여 화랑정신을 통해 국가관을 심어 주고자 함이 목적이었다.

비록 당나라가 일방적으로 동맹을 깨는 배신 행위를 저질렀어도 세계 최강대국을 상대로 전쟁을 치러야 하는 신라로서는 갈등이 있을 수밖에 없었다. 그리고 고민 끝에 신라의 선제공격으로 나당 전쟁이 시작되자, 당나라 황제는 크게 노해 대규모의 당나라와 말갈 연합군을 보내 신라를 공격했다. 672년 석문 전투에서 신라는 일곱 명의 장군이 모두 전사하는 등 참패를 당하자, 당시 비장(裨將: 부관)으로 참전했던 원술도 화랑의 임전무퇴 정신에 따라 죽음을 각오하고 끝까지 싸우려고 했다. 그러나 그를 보좌하던 부관이 만일 죽더라도 공을 세우지 못한다면 살아서 뒷일을 도모함만 같지 못하다는 이유로 만류했고, 이에 전장에서 죽지 못하고 살아서 돌아왔다.

석문 전투에서 아들이 당연히 죽은 줄로만 알았던 김유신은 원술이 살아서 돌아오자, 가문의 명예를 저버렸다며 목을 벨 것을 왕에게 간청했다. 그러나 다행히도 문무왕이 죄를 용서하면서 원술은 처형만은 면했지만, 김유신은 부자로서의 연을 끊겠다고 선언한다. 이에 원술은 부끄러워 감히 아버지를 보지 못하고 깊은 산골로 숨어 버렸다. 그러다가 아버지 김유신이 세상을 떠났다는 소식을 듣고 고향 집으로 찾아갔지만, 어머니인 지소부인도 자식의 도리를 다하지 못했다면서 여전히 그를 만나려 하지 않았고, 원술은 다시 산속으로 들어가 숨어 버렸다.

그러던 중 675년에 설인귀가 이끄는 당군과 거란, 말갈의 20만 연합군이 매소성으로 침공해 왔다. 이 사실을 전해 들은 원술은 〈이번 싸움에서는 죽음으로써 지난번의 치욕을 씻겠다)라는 각오로 전장에 임해 큰 공을 세웠다. 그러나 어머니는 끝내 그를 아들로 인정하지 않았고, 이를 비관한 원술도 벼슬에 나아가지 않고 평생 산속에서 일생을 마쳤다고 한다.

3부

정말 장군 묘부터 석석총까지

정발 장군 묘

문화재 정보

(1) 정발 장군 묘(경기도기념물 제51호)

(2) 미수 허목 묘(경기도기념물 제184호)

문화재 정보

(1) 정발 장군 묘: 경기도 연천군 미산면 백석리 산34

(2) 미수 허목 묘: 경기도 연천군 왕징면 강서리 산90

주변 볼거리

숭의전, 연천 당포성, 학곡리 적석총

8

정발 장군이 왜 거기서 나와?

민통선 안팎에 있는 조선 시대 문신과 무신의 넋

승용차로 연천의 정발 장군 묘로 가고 있는 중

딸　어딜 가는데 이렇게 좁은 산길로 한참을 가나요? 맞은편에서 오는 차라도 만나면 피할 곳도 없을 것 같은데…….

아빠　우리는 지금 임진왜란 때 일본군과 싸우다 돌아가신 정발 장군의 묘로 가고 있어.

딸　네? 역사 수업에서는 정발 장군이 임진왜란 때 부산에서 최초로 일본군에 맞서 싸우다가 전사하신 것으로 배웠는데, 부산에서 전사하신 분의 무덤이 어떻게 경기도 산골에 있나요?

정발(鄭撥) 장군의 묘로 찾아가는 길은 그리 만만치 않다. 대중교통을 이용하면 가장 가까운 정류소에서부터

2.5킬로미터 정도를 걸어야 하고, 승용차를 이용한다고 해도 차를 돌리기 어려운 좁은 농로와 산길을 3킬로미터가량 들어가야 한다. 그나마 정발 장군의 묘 바로 앞에는 4~5대의 승용차를 주차할 만한 좁은 공간이 마련되어 있다.

정발 장군은 경기도 연천군 미산면의 경주 정씨 집성촌 양반가에서 태어났는데, 아버지 정명선은 간성 군수를 지냈고 어머니는 관찰사 남궁숙의 딸이었다. 정발 장군의 일생은 숙종 때 송시열이 지은 비문이 전해지고 있어서 후세의 우리가 자세히 알 수 있다.

정발 장군은 어려서부터 독서를 즐겨 했는데, 사서오경뿐만 아니라 『손오병법(孫吳兵法)』 같은 병법서에도 통달했다고 한다. 27세 때 무과에 급제한 뒤 남쪽의 해남과 거제에서 현감, 현령 벼슬을 했고, 함경도 변방 종성(鍾城)에서는 종6품 종사관에 임명되어 여진족 토벌에 출정하기도 했다. 이후 중앙 관직에도 진출하여 비변사와 사복시에서 근무했는데, 1592년에는 임진왜란이 일어나기 불과 몇 달 전에 당상관인 정3품 절충장군(折衝將軍)으로 승진하여 종3품 무관직인 부산진 수군첨절제사(釜山鎭 水軍僉節制使, 첨절제사=첨사)가 되었다.

딸 정3품으로 승진했다면서 왜 더 낮은 종3품 수군 첨절제사 벼슬을 했나요?

아빠 정발 장군의 묘비 속에 그 답이 있지.

원래 이론상 모든 관직(벼슬)에는 원칙적으로 그에 해당하는 품계가 정해져 있다. 예를 들어 의정부 좌찬성에는 종1품, 육조의 판서는 정2품, 각도의 관찰사에는 종2품 관리가 임용된다. 그러나 나라의 관직은 한정된 데 반해, 관료는 계속해서 새로운 사람이 충원되거나 승진과 같은 인사이동이 있으므로 관직과 임용되는 사람의 품계 사이에는 불균형이 발생하게 된다. 따라서 특정 관직에 맞는 적임자의 품계를 정확히 맞출 수 없는 경우가 생길 수밖에 없는데, 이때는 부득이하게 품계가 높은 사람을 낮은 관직에 임명하거나, 거꾸로 품계가 낮은 사람을 높은 관직에 임명해야 한다.

이럴 때는 행수법(行守法)이라는 방법을 쓴다. 예를 들어 호조판서는 정2품 관직인데 마침 적임자의 품계가 더 높은 종1품이라면 앞에 행(行)을 붙여 행호조판서(行戶曹判書)라 하고, 거꾸로 적임자의 품계가 더 낮은 종2품이면 앞에 수(守)를 붙여 수호조판서(守戶曹判書)라고 한다. 정발 장군의 묘비에도 정발 장군의 관직명이 〈행부산진첨사(行釜山鎭僉使)〉로 되어 있다. 그러나 이것은 서류상의 구분일 뿐 일상적으로는 그냥 호조판서나 첨사(첨절제사)로 부른다.

참고로 품계는 관직 자체가 아니라 벼슬아치의 계급일 뿐이다. 품계를 현대에 비유하자면 1~9급에 해당하는 공무원의 급수라고 보면 된다. 동일한 5급 공무원(사무관)이라도 지방 행정 기관에서는 기관장 또는 부서장을 맡을 수 있지만, 중앙 행정 기관에서는 실무 기안자에 불과한 것처럼 같은 등급(품계)이라도 직무(관직)는 얼마든지 다를 수 있다. 조선 시대의 품계는 말 그대로 품(品)과 계(階)로 이루어져 있는데, 1) 1~9품까지 9등분된 품(品)은 정(正)과 종(從)의 두 가지로 나뉘고, 2) 각각은 다시 상(上), 하(下)의 두 가지 계(階)로 나뉜다(품계표 참고).

1592년 3월 대마도주 요시토시(宗義智)가 〈명나라를 치러 가는 길을 빌려 달라(征明假道)〉라는 내용이 담긴 일본 정부의 문서를 건넨 후 왜관에 있던 일본인들이 급히 피신하는 것을 보고 수상함을 눈치챈 정발 장군은 부산 앞바다에 있는 절영도(지금의 영도)에 주둔하면서 자주 사냥을 했으며, 임진왜란이 발발하기 전날에도 절영도로 사냥을 나갔다.

조선 시대의 품계표

구분	품(品)	계(階)	문반계	외명부 문무관의 처	무반계	내명부
당상관	정1품	상계	대광보국 숭록대부	정경부인	대광보국 숭록대부	빈
		하계	보국 숭록대부		보국 숭록대부	
	종1품	상계	숭록대부		숭록대부	귀인
		하계	숭정대부		숭정대부	
	정2품	상계	정헌대부	정부인	정헌대부	소의
		하계	자헌대부		자헌대부	
	종2품	상계	가정대부		가정대부	숙의
		하계	가선대부		가선대부	
당하관 중 참상관	정3품	상계	통정대부	숙부인	절충장군	소용
		하계	통훈대부	숙인	어모장군	
	종3품	상계	중직대부		건공장군	숙용
		하계	중훈대부		보공장군	
	정4품	상계	봉정대부	영인	진위장군	소원
		하계	봉렬대부		소위장군	
	종4품	상계	조산대부		정략장군	숙원
		하계	조봉대부		선략장군	
	정5품	상계	통덕랑	공인	과의교위	상궁
		하계	통선랑		충의교위	
	종5품	상계	봉직랑		현신교위	
		하계	봉훈랑		창신교위	
	정6품	상계	승의랑	의인	돈용교위	
		하계	승훈랑		진용교위	
	종6품	상계	선교랑		여절교위	
		하계	선무랑		병절교위	
참하관	정7품	무계	무공랑	안인	적순부위	
	종7품	무계	계공랑		분순부위	
	정8품	무계	통사랑	단인	숭의부위	
	종8품	무계	승사랑		수의부위	
	정9품	무계	종사랑	유인	효력부위	
	종9품	무계	장사랑		전력부위	

딸 사냥이요? 정말 장군이 정신 나간 것 아니에요? 일본인들의 수상한 움직임을 눈치챘는데도 한가하게 사냥이나 하다니…….

아빠 모르는 소리! 조선 시대의 사냥은 네가 생각하는 그런 사냥이 아니야!

조선 시대에 일반인이 아닌 왕이나 무관 벼슬의 고위 관리가 시행하는 사냥은 그냥 재미로 하는 것이 아니었다. 특히 왕이 궁중 밖으로 사냥을 나갈 때는 그냥 사냥이 아닌 〈무예를 강습한다〉라는 뜻의 강무(講武)라고 불렀다. 사냥이라는 형식을 빌려 왕이 여러 부대를 효율적으로 지휘·통솔하면서 사냥감을 적으로 간주하는 일종의 군사 훈련이었는데, 아울러 사냥을 통해 잡은 짐승을 종묘의 조상신에게 바치는 것도 매우 중요한 의미가 있었다. 강무에 대한 자세한 내용은 조선의 예법서인 『국조오례의(國朝伍禮儀)』에도 실려 있다. 특히 왕의 강무에 동원되는 군사의 숫자는 무려 5천에서 1만에 육박했다.

산이 많은 우리나라의 특성상 군대가 사냥을 하면 병사들은 무기를 들고 동료들과 함께 산속에서 죽어라 뛰어야 했다. 게다가 당시 산속에는 늑대나 곰, 호랑이까지 득실거

렸으므로 자칫 잘못하면 목숨이 위태로워질 수도 있었기 때문에 긴장 속에서 사냥이 진행되었지만, 훈련이 끝나면 잡은 동물의 고기라는 푸짐한 보상도 주어지므로 꽤 효과적인 훈련법이었다. 따라서 정발 장군은 일본의 수상한 분위기를 감지하고 군사 훈련의 일환으로 사냥을 시행했다고 보는 게 옳다.

정발 장군은 일본군 선단이 접근한다는 보고에 백성들을 성안으로 불러들여 농성에 돌입했는데, 이때 정규군은 고작 8백 명뿐이었고 백성들까지 합해야 겨우 3천에 불과했다. 그러나 조총으로 무장한 일본군은 선발대만 2만에 가까웠고, 총 병력은 20만에 달했으니, 부산진성 전투의 승패는 이미 결정이 나 있었다고 해도 과언이 아닐 것이다. 부산진성 전투에 대한 기록은 일본 측의 기록에 의존해야 한다. 왜냐하면 부산진성 전투에서 살아남은 조선 사람이 없기 때문이다.

임진왜란 후 조선 통신사로 일본에 다녀왔던 황신(黃愼)의 기록에 따르면 일본 측에서도 부산진성 전투와 같은 전투 형태는 처음 경험해 보는 것이었고, 심지어 상당한 충격까지 받았다고 한다. 당시 무사(사무라이) 집단을 중심으로 전국 시대가 한창이었던 일본에서의 전투는 주로 다이

묘(봉건 영주)나 유력 가문 소속 정규군 간의 싸움이었고, 일반 백성은 열외였다. 그래서 한쪽이 이기면 그것으로 전쟁은 끝나고 진 쪽의 땅과 백성들은 이긴 쪽에 귀속되는 전리품 성격이었으며, 특히 일반 백성은 농업 사회의 노동력 및 경제력과 직결되었기 때문에 처벌하는 일은 없었다.

그러나 조선은 달라도 너무 달랐다. 정규군뿐만 아니라 모든 백성이 총력전으로 맞섰다. 당시 일본에서 활동하던 포르투갈의 선교사 프로이스가 남긴 기록에도 부산진성에서는 전원이 전사할 때까지 격렬하게 싸웠다고 적혀 있다. 병사도 아닌 일반 백성이 변변한 무기 하나 없이 낫을 들고 달려들거나, 맨손에 돌팔매질하며 죽기 살기로 저항하는 것에 기겁한 일본군들은 성이 함락된 이후 성안의 가축까지 몽땅 도륙했다고 한다.

이날 전투가 얼마나 치열했는지 결국 장군의 시신은 찾지 못했다. 그래서 현재 연천의 정발 장군의 묘는 시신이 아니라 갑옷과 투구를 대신 모셨다. 일본 측 기록에 따르면, 일본군들이 칼로는 도저히 정발 장군을 제압할 수 없어서 결국 조총으로 제압했다고 한다. 이때 정발 장군은 검은 갑옷을 입고 있어서 우리 백성들뿐만 아니라 일본군들에게도 흑의 장군(黑衣將軍)으로 불렸는데, 숙종 35년(1709)

에 그려진 「부산진 순절도(釜山鎭殉節圖)」(보물 제391호)에도 문루에서 검은 갑옷을 입고 전투를 지휘하는 정발 장군의 모습이 그려져 있다.

딸 정발 장군의 묘 근처에는 무슨 비석이 이렇게도 많아요? 가족무덤인가요?

정발 장군의 묘로 진입하는 계단 우측에는 의마총비(義馬塚碑)가 있다. 전승되는 이야기에 따르면 전쟁이 끝난 후에도 결국 장군의 시신을 찾지 못했지만, 그의 애마가 장군의 갑옷과 투구를 물고 와서 그것으로 의관장(衣冠葬)을 치를 수 있었기에 그것을 기리기 위함이라고 한다. 한편, 묘역 입구 좌우 측에도 열첩애향 정려사적비(烈妾愛香㫌閭事蹟碑)와 충노용월 사적비(忠奴龍月事蹟碑)가 있다. 송시열의 비문에 따르면 정발 장군의 첩 애향은 성이 함락되자 공의 시신 옆에서 스스로 칼로 목을 찔러 자결했고, 애향의 여종이었던 용월도 왜적에게 달려들다가 죽었다고 한다.

물론 정발 장군이 순국한 부산에도 장군을 기리는 기념물들이 있다. 우선 그가 순국한 부산진성의 남문 자리에는 영조 때 정발 장군 추모 사당인 정공단(鄭公壇, 부산기념물 제10호)을 설치하여 지금에 이르고 있고, 부산역 인근의 초량 전철역 5번 출구 앞에는 정발 장군의 동상이 서 있는데, 공교롭게도 동상 바로 1백 미터 뒤에는 일본 영사관이 있다.

미수 허목 묘 앞에서

딸 민통선 안쪽이라서 그런지 여기까지 오는 데 꽤 절차가 복잡하네요. 그런데 허목이라는 분은 대체 어떤 분이시죠? 저에게는 생소한 이름이에요.

아빠 한마디로 한국의 레오나르도 다빈치라고 할 수 있어. 못 하는 것이 없으셨지. 뛰어난 성리학자였으며, 훌륭한 시인이기도 했고, 최고의 서예가이자 화가이기도 했어. 심지어 의술에도 뛰어나셨지. 참, 해마다 봄이면 대문에 붙이는 네 글자 알지? 그걸 만드신 분이야.

딸 입춘대길(立春大吉)이요?

명확한 근거는 없으나 〈입춘을 맞아 크게 길하라〉라는 뜻의 입춘대길을 만든 사람은 미수(眉叟) 허목(許穆)이라고 널리 알려져 있고, 이를 반박하는 내용은 거의 찾아볼 수 없다. 반면 입춘대길과 짝을 이루는 말인 〈건양다경(建陽多慶: 밝은 기운을 받아들이고, 경사스러운 일이 많기를 기원하다)〉은 미수 허목의 정적이었던 우암 송시열의 작품이라고 전한다.

워낙 다방면에 뛰어났던 인물이라 허목을 한마디로 정의하기는 쉽지 않다. 일단 1596년부터 1682년까지 87세를 사셨으니 옛날 사람으로서는 보기 드물게 장수를 한 셈이다. 그런데 재미있는 것은 정승인 우의정까지 지냈지만, 과거를 통한 것이 아니라 음서(蔭敍: 공신이나 전·현직 고관의 자제를 과거에 의하지 않고 관리로 채용하던 일)로 관직에 나섰다는 점이다. 그것도 56세의 나이로 최말단 벼슬인 종9품 능참봉이었다. 그렇다고 허목이 학문이나 재주가 없어서 과거에 계속 떨어진 것은 아니었다. 1628년 인조로부터 정거(停擧), 즉 과거를 못 보게 하는 벌을 받았기 때문이다.

반정으로 광해군을 몰아내고 왕이 된 인조는 비록 왕족이기는 했어도 돌아가신 자기 아버지 정원 대원군의 출신 성분이 선조의 서자였기 때문에, 〈적자 계승〉이라는 유교 전통에서 보면 정통성 부족이라는 콤플렉스가 있었다. 따라서 인조는 아버지 정원 대원군을 어떻게 해서든지 〈추

미수 허목 묘역

존 왕)으로 만들려고 온갖 시도를 다 했다. 그러나 원칙적
으로 조선에서 서자 출신은 사람 취급도 못 받았을뿐더러
궁중 예법에도 전혀 없는 일이라 사대부들의 반대가 극심
할 수밖에 없었다. 이때 한양 사부학당의 유생으로서 동학
(東學)의 재임(齋任)을 맡고 있던 허목은 시위를 주도하다
가 인조의 눈 밖에 나면서 정거의 벌을 받았다. 이후 인조
의 막무가내식 억지와 치밀한 공작으로 정원 대원군이 결
국 원종(元宗)으로 추존된 뒤 벌이 풀리기는 했으나, 허목
은 과거 시험에 더 이상 응시하지 않고 은거하면서 독서와
학문 연구 및 후학 양성에만 전념했다.

그러다 56세에 학문과 덕행으로 천거되어 관직으로 나
갔는데, 허목은 퇴계 이황의 제자인 한강 정구에게서 학문
을 배웠기 때문에 동인, 그중에서도 남인 계열에 속했다.
이때 정권은 상대파인 서인 계열에서 잡고 있었는데, 서인
의 우두머리가 송시열이었다. 그러던 중 1659년 5월 효종
이 승하하자 자의대비(慈懿大妃: 趙大妃)의 복상 문제가
터졌는데, 이것이 그 유명한 예송 논쟁이다.

딸   조선은 당쟁 때문에 망했고, 그 대표적인 사례가
대비의 상복 입는 기간을 두고 당파끼리 싸운 것이라는

어른들의 주장을 들은 적이 있어요. 얼핏 들으면 논리는 그럴듯한데, 그게 사실일까요?

아빠 그렇게 주장하는 사람들이 꽤 있지. 그런데 그런 주장을 만들어 낸 세력은 바로 일제 강점기 때의 일본인 사학자들이야. 흔히 식민 사관이라고 하지.

당쟁이 조선 사회를 분열시켰고 결국 망국의 빌미를 제공했다는 주장이 있는데, 이 지구상에서 붕당 또는 정당으로 표현되는 정치 집단이 정권 쟁취를 위해 치열한 경쟁을 하지 않는 나라가 도대체 어디에 있겠는가? 또한, 복수의 정치 집단이 있는 정치 환경 속에서 상대 당에 대한 정치적인 견제 때문에 망했다는 나라가 도대체 어디에 있단 말인가?

역사적으로 망한 나라들의 공통점은 한결같이 정치적 견제가 전혀 없는, 예를 들면 일당 독재 체제라는 것이다. 조선은 안동 김씨 일족의 세도 정치 때문에 망했고, 히틀러와 무솔리니는 나치와 파시스트 일당 독재 때문에 망했다. 심지어 구소련 및 동구권의 몰락도 공산당 일당 독재 때문이다. 오히려 조선에서 가장 당쟁이 심했던 시기는 숙종부터 영·정조 대로, 이때를 조선의 르네상스 시대라고 한다.

그렇다고 해도 대비가 상복 입는 기간을 두고 두 정치 집단 사이에 정권이 바뀔 만큼 치열하게 다툰 점은 일반인들이 이해하기 쉽지 않을 것이다. 예송 논쟁을 잘 모르는 사람이 보면, 예송 논쟁은 국상 때 대비가 상복 입는 기간을 놓고 벌인 어처구니없는 정쟁으로 비치겠지만, 실은 당시의 기준으로 보면 자칫 역모로 몰려 죽을 수도 있는 어마어마한 사건이었다. 왜냐하면 조 대비가 상복을 1년 입느냐 3년 입느냐는 단순 예법이 아니라 효종의 정통성을 건드리는 문제였기 때문이다.

다들 알다시피 인조의 장남은 소현 세자였고, 차남은 훗날 효종이 되는 봉림 대군이었다. 그러나 소현 세자와 갈등을 빚던 인조는 소현 세자가 죽자, 봉림 대군을 그 자리에 앉혀 왕위를 잇게 했다. 그런데 문제는 효종이 즉위할 당시 소현 세자의 세 아들이 살아 있었다는 것이다. 마치 사도 세자가 대역죄로 뒤주에 갇혀 죽었어도 그의 아들 정조가 결국 왕위를 이은 것처럼, 자칫 효종의 왕위 계승에 소현 세자의 아들들이 끼어들 가능성이 전혀 없다고 할 수는 없었다. 실제로 이 문제를 다룬 TV 사극이 2010년에 방영된 「추노」였다. 이 드라마에서 오지호(송태하 역)가 가슴에 품고 다니던 아이가 소현 세자의 마지막 혈육 〈석견〉이었다.

당시 예법으로는 장남의 장례는 3년상, 차남의 장례는 1년상이었다. 송시열로 대표되는 서인의 견해를 정리하면, 〈가통(家統)〉은 장남인 소현 세자에게 가되, 〈왕통(王統)〉은 차남인 효종에게 있다고 보았기 때문에 1년 설을 주장했다. 그러나 윤휴와 허목으로 대표되는 남인의 입장은 효종이 장남 소현 세자가 이미 사망한 상태에서 왕통을 이었기 때문에 차남이 아닌 장남으로 간주해야 한다면서 3년 설을 주장했다.

처음에는 단순한 예법의 적용 문제로 시작했으나 점점 정쟁이 격해지더니, 나중에는 남인 소속의 고산 윤선도가 〈송시열은 효종을 장남으로 대하지 않고 오히려 소현 세자의 자손에게 적통을 주는 셈이니, 결국 왕을 능멸했다〉라는 내용의 상소를 올리면서 서인과 남인 사이에는 역적죄니 모함이니 하면서 조정이 들끓었다. 사실 이 문제에 관해 현대인들은 잘 이해할 수 없는 부분이 있을 것이다. 왜냐하면 조선이라는 사회는 지금과는 달리 법으로 다스리는 법치(法治) 사회 이전에 예로 다스리는 예치(禮治) 사회였으며, 당시 사대부로서는 목숨을 걸 만한 국가의 정체성 토론이었기 때문이다. 어쨌든 이 예송 논쟁을 거치면서 허목과 송시열은 라이벌, 즉 정적이 된다.

　　딸　예법 하나에 목숨을 걸어야 하다니, 너무 무섭네
요. 허목과 관련해서 좀 훈훈한 이야기는 없나요?
　　아빠　라이벌 관계인 허목과 송시열 사이의 재미있는
이야기가 하나 있지.

　　어느 날 송시열은 백약이 무효한 중병에 걸렸는데, 병세
가 악화되자 아들을 허목에게 보내 약을 지어 오게 했다.
왜냐하면 허목은 유학자인 동시에 의술에도 정통하여 유
의(儒醫)로 명성이 높았기 때문이다. 그런데 송시열의 아
들이 허목에게서 받아 들고 온 약의 처방전에는 독약으로
유명한 〈비상〉이 적혀 있었다. 이를 본 송시열의 아들은 허
목을 맹비난했지만, 송시열은 그 처방전대로 약을 지어 오
게 했다.
　　그런데 약을 먹어도 차도가 없을 뿐만 아니라, 오히려 병
이 더 위중해졌다. 송시열이 아들에게 제대로 약을 달였느
냐고 묻자, 비상은 빼고 달였다는 답을 들었다. 이에 송시
열은 아들을 크게 꾸짖은 뒤 새로 약을 받아 오게 했다. 그
러고는 주위의 만류에도 불구하고 비상까지 포함한 채로

은거당 옛터

약을 달여 먹고 완쾌되었다고 한다. 나중에 송시열의 아들은 허목을 다시 찾아가서 사죄를 하고, 왜 처방전에 비상을 넣었느냐고 물었다. 이에 허목은 송시열의 병은 체내에 독이 생긴 것인데, 독은 독으로 중화해야 하므로 비상을 썼다고 답했다. 정황상 오해받을 것이 뻔한 비상을 처방한 허목도 대단하지만, 그 처방대로 약을 먹은 송시열도 정말 대단하다.

　미수 허목은 5백 년 조선 역사를 통틀어 몇 개의 기록을 보유하고 있다. 먼저 과거를 통하지 않고 정승까지 올라간 몇 안 되는 사람들 중 하나이며, 특히 기로소(耆老所: 70세 이상이며 정2품 이상의 관리를 예우하는 관청)까지 들어간 것은 허목이 유일했다. 둘째, 세종이 방촌 황희에게, 인조가 오리 이원익에게 했던 것처럼 임금이 신하에게 집을 하사한 단 세 사람 중의 하나이다. 그 집은 임금의 은혜를 입어 거주하게 되었다는 뜻으로 은거당(恩居堂)이라고 했다. 아쉽게도 6·25 전쟁 때 소실되어 현재는 터만 남아 있는데, 미수 허목의 묘 인근에 있다.

허목은 소수파였던 남인 계열이었으므로 역사적으로 오랫동안 저평가되었으나, 이제는 학문적 성격이나 학술사적 계보에서 재평가받고 있다. 다수파인 서인 계열의 송시열이 주자학(朱子學) 일변도로 학문의 범위를 한정 짓고 정치적 권력마저 독점하고 있을 때, 허목은 과감히 송시열과 대립각을 세우면서 사서(四書) 중심의 주자학을 뛰어넘어 공자의 고학(古學)과 고문(古文)이라는 고경(古經)으로 방향을 틀어 〈근기학파(近畿學派)〉를 열었고, 이는 조선 후기 실학의 3대 학자인 반계 유형원, 성호 이익, 다산 정약용에게 이어지게 되었다.

남쪽에서 바라본 자유의 다리

문화재 정보

자유의 다리(경기도기념물 제162호)

위치 정보

경기도 파주시 문산읍 마정리 1400-6(임진각 내)

주변 볼거리

임진각, 제3땅굴, 해마루촌, 반구정, 화석정, 파평 용연, 파산서원

9

임진각 〈자유의 다리〉가 강이 아닌 땅 위에 있는 이유
통일을 염원하는 파주의 다리들

임진각 건물 옥상의 전망대 위에서

딸 저것이 〈자유의 다리〉구나! 한쪽은 교각만 남았네요!

아빠 아! …… 그것이…… 사연이 좀 복잡하긴 한데…… 아무튼 네가 말한 그 다리는 자유의 다리가 아니라 경의선 임진강 철교 하행선이고, 바로 앞에 보이는 망배단 바로 뒤의 다리가 자유의 다리야.

딸 네? 자유의 다리를 통해서 남과 북이 서로 포로 교환을 했다는데, 저 다리는 남과 북을 잇는 다리가 아니잖아요?

현재 임진각 북쪽에서 강 위를 지나는 철교는 경의선 임진강 철교 하행선(서쪽)이고, 그 옆에 교각만 남은 것은 상행선(동쪽)이다. 6·25 전쟁 직후의 사진들을 보면 경의선 철교는 전쟁 때 폭격으로 상·하행선이 모두 파괴되어 교각만 남았으나, 1953년 휴전 협정 이후 포로 교환 시 포로들을 통과시키기 위해 파괴된 서쪽 교각 옆에 나무로 임시 교량을 만들었다. 그 교량은 높이가 매우 낮아서 대략 임진강 철교 교각의 절반 정도에 불과했다. 공산군의 포로로 억류되었던 12만 773명의 국군과 유엔군이 이 임시 교량을 통과하여 자유를 찾아 귀환했는데, 그것을 기념하면서 〈자유의 다리〉라는 이름으로 불렸다.

또한 철교 바로 아래쪽이 독개나루였기 때문에 자유의 다리는 〈독개다리〉라고도 불렸다. 그러다가 나무로 만든 임시 교량이었던 〈원래〉 자유의 다리는 철거되고, 바로 옆의 임진강 철교 하행선이 지금처럼 복구되었다. 한편, 지금 임진각에 설치된 이른바 자유의 다리는 망배단 바로 뒤에 있는데, 처음부터 그곳에 있었던 다리가 아니라 포로 교환 뒤 철거되었던 옛 자유의 다리 일부를 지금의 위치로 자리를 옮겨 재설치한 뒤 파주시에서 관광 상품화한 것이다. 자유의 다리는 판문점의 〈돌아오지 않는 다리〉와 함께 6·25 전쟁의 비극을 상징적으로 보여 주는 대표적인 시설물이다.

자유의 다리가 있는 임진각은 통상적으로 부르는 명칭이고, 원래 정식 명칭은 〈임진각 국민 관광지〉이다. 임진각은 1972년 북한 실향민을 위해 당시 1번 국도를 따라 민간인이 허가 없이 갈 수 있는 가장 끝 지점에 세워졌다. 임진강을 건너면 북한 땅일 것이라고 오해하는 사람이 많은데, 그곳은 민통선 안쪽일 뿐이고 군사 분계선은 임진강철교에서부터 북서 방향으로 약 5킬로미터 뒤쪽에 있다. 2020년 4월부터는 새로 설치한 〈파주 임진각 평화 곤돌라〉를 이용하여 임진강 북쪽의 민통선 안쪽을 잠시 다녀올 수도 있는데, 민통선 안쪽을 방문하는 절차(신분증 지참, 보안 서약서 등)를 모두 거쳐야 한다.

딸 6·25 전쟁의 비극을 상징적으로 보여 주는 대표적인 두 다리가 임진각의 〈자유의 다리〉와 판문점의 〈돌아오지 않는 다리〉라고 했잖아요? 그런데 판문점의 다리 이름이 평범하지 않네요. 〈돌아오지 않는 다리〉라면 분명 숨은 사연이 있을 것 같아요. 맞죠?

아빠 당연하지! 세상에 어느 누가 처음부터 〈돌아오지 않는 다리〉라는 섬뜩한 이름을 붙였겠니?

망배단. 그 뒤편으로 자유의 다리와 경의선 임진강 철교 하행선이 보인다.

〈돌아오지 않는 다리〉는 콘크리트로 만들어졌으며, 판문점 공동 경비 구역(JSA)의 서쪽을 흐르는 사천(砂川)을 가로지르고 있다. 또한, 이 다리 밑의 사천에는 남한과 북한의 경계인 한반도 군사 분계선이 설정되어 있다. 따라서 이 다리를 건너가면 북한 땅이고, 이 다리의 안쪽은 공동 경비 구역이다. 이 다리 밑을 흐르는 사천은 폭이 채 50미터도 되지 않는데, 건천(乾川)이라서 일 년 내내 거의 물이 흐르지 않고 바닥에는 굵은 왕모래가 깔려 있다. 그래서 이름이 모래 사(砂), 내 천(川)인 〈사천〉이 된 듯하다. 순우리말로는 〈모래내〉이다.

콘크리트로 다리를 만들기 훨씬 오래전부터 이곳에는 다리가 있었는데, 옛 이름은 〈널문 다리〉였다. 널은 널빤지를 뜻하니 곧 판문점이라는 지명과도 같은 뜻인데, 한자로 하면 〈판문교〉이다. 1953년 휴전 협정 체결 후에 이 다리를 통해 포로 송환이 이루어졌다. 미군 병사들은 포로들이 이 다리를 한번 건너면 다시는 돌아올 수 없다는 뜻에서, 〈The Bridge of No Return(돌아오지 않는 다리)〉이라고 불렀는데, 지금은 본 이름인 널문 다리 또는 판문교보다 돌아오지 않는 다리로 통한다.

돌아오지 않는 다리가 포로 송환용으로 쓰인 것은 휴전

직후뿐만이 아니었다. 1968년 동해 공해상에서 북한 측에 나포된 미 해군 소속 정찰함 푸에블로호 선원 82명이 11개월간의 억류 생활을 한 뒤 풀려날 때도 이 다리를 통해 남측으로 넘어왔다.

또한, 1976년 8월 18일 판문점 도끼 만행 사건이 발생하기 전까지는 이 다리가 판문점 인근 사천 위의 유일한 다리였기 때문에 북한 측이 판문점으로 들어올 때도 사용했다. 그러나 도끼 만행 사건 발생 직후 유엔군 사령부는 공동 경비 구역 내에서도 군사 분계선을 엄격히 구분 짓도록 했다. 이에 따라 북한 측은 돌아오지 않는 다리를 사용할 수 없게 되자, 이 다리의 북쪽 북한 측 구역에 새 다리를 만들었는데, 72시간 만에 완공했다 하여 〈72시간 다리〉라고 부르고 있다. 2017년 11월에는 북한군 병사 오청성이 이 다리를 건너 지프차를 몰고 귀순하기도 했다.

한편, 돌아오지 않는 다리의 남측 입구 왼쪽에는 심하게 녹이 슨 〈군사 분계선 표지판 0090번〉이 있다. 원래 군사 분계선 표지판은 임진강 하구에서 동해안까지 약 2백 미터 간격으로 총 1,292개가 설치되었는데, 돌아오지 않는 다리 앞의 표지판은 그중 90번째라는 뜻이다. 그런데 1,291개의 표지판은 정확히 군사 분계선 위에 설치되었는데, 유독 돌아오지 않는 다리 앞의 표지판은 제 위치가 아니다. 군사 분계선이 다리 한가운데를 지나가고 있으므로 표지판을 다리 한가운데에 세워야 하지만, 기술적인 문제로 부득이 하게 다리 입구에 설치되었다고 한다.

딸 〈판문점의 다리〉하면 또 빼놓을 수 없는 것이 〈도 보 다리〉잖아요? 그런데 왜 이름이 도보 다리죠?

아빠 도보 다리를 제대로 이해하려면 판문점에 대한 기본 지식이 있어야 해.

판문점은 군사 정전 위원회가 군사 분계선상에 설치한 공동 경비 구역의 별칭이다. 군사 정전 위원회는 휴전 협정 의 실시를 감독하고, 모든 위반 사건을 협의·처리하기 위 해 설치된 기구로 판문점의 핵심이다.

한편, 판문점에는 군사 정전 위원회 외에 또 다른 기구가 있는데, 정전 협정의 준수 여부를 감독·조사하기 위해 4개 중립국으로 구성된 중립국 감독 위원회(NNSC 또는 중감 위)이다. 4개 중립국은 6·25 전쟁에 참여하지 않은 4개국 으로 구성되었는데, 유엔 측이 추천한 스위스와 스웨덴 그 리고 공산권이 추천한 폴란드와 체코슬로바키아이다.

2000년에 개봉한 영화 「공동 경비 구역 JSA」에서 한국계 스위스인으로 출연한 배우 이영애는 스위스 육군 소속 소령(법무관)으로 나오는데, 판문점에 스위스 군인이 있는 이유는 바로 스위스가 중감위 소속이기 때문이다. 현재 판문점에는 유엔 측이 추천한 스위스, 스웨덴만 상주하고 있다. 체코슬로바키아는 체코와 슬로바키아로 분리된 뒤 북한이 체코의 중립국 감독 위원 자격 승계를 거부해 1993년 4월에 철수했고, 폴란드도 북한이 1995년 2월 철수시켰기 때문이다.

누구든지 〈판문점〉 하면 처음 떠오르는 이미지는 군사 분계선 위의 가건물 7동일 것이다. 그중 회색 4동은 북한 측 관리 책임이고, 가운데 하늘색 3동은 유엔 측 관리 책임이다. 하늘색 3동은 서쪽에서 동쪽으로 T1, T2, T3로 불리는데 T는 임시로 쓰는 가건물, 즉 Temporary라는 뜻이다. 따라서 가건물을 뜻하는 T는 세계 최장(最長)의 정전 상태가 지속되고 있음을 상징적으로 보여 준다.

T1은 중감위 회의실로 비공개회의 전용이다. T2는 군사 정전 위원회 본 회의실로 공개회의를 하며 관광객이 들어갈 수 있는 유일한 회의실이다. 과거 TV를 통해 방송되었던 남북 간 회의 장면은 모두 T2 회의실이 배경이다. T3 역

시 군사 정전 위원회 소속 소회의실이지만 비공개회의실이다.

딸　아하! TV에서 보던 회의실은 바로 T2 회의실이구나!

아빠　T1과 T3 회의실은 비공개회의실이라 벽의 창문이 작고 높아서 밖에서는 안쪽을 볼 수가 없어. 그러나 T2 회의실은 공개회의실이라 창문이 크고 높이도 적당해서 밖에서 안을 훤히 볼 수 있지.

한편, 중감위 캠프 중 스위스와 스웨덴의 캠프는 공동 경비 구역 인근에 있는데 T1, T2, T3에서 보았을 때 동쪽이다. 그런데 중감위 캠프와 T1, T2, T3 사이에는 습지가 있어서 중감위 캠프에서 T1, T2, T3로 이동하려면 습지를 피해 멀리 돌아가야 한다. 이에 이동 동선을 줄이기 위해 습지 위로 곧게 뻗은 목제 다리를 건설했고, 걸어다니는 다리라는 뜻에서 〈Foot Bridge〉로 불렀는데, 그것을 그대로 번역하여 〈도보 다리〉가 되었다.

도보 다리는 유엔 측 시설물이라서 색깔은 유엔 색인 하늘색으로 칠했다. 4·27 남북 정상 회담 당시 〈친교 산책〉으로 전 세계적인 주목을 받기도 했다. 원래 도보 다리는 길이 50미터, 폭 1.5미터여서 보통 체형의 성인 두 사람이 나란히 서면 꽉 차는 느낌이 든다. 따라서 남북 두 정상이 여유 있게 나란히 서기에는 약간 부담스러웠다. 그 때문에 4·27 남북 정상 회담을 위해 다리 폭을 조금 넓혀 약 0.5미터 공간을 더 확보했다.

도보 다리 전체 모양도 처음에는 단순한 일자형이었으나, 정상 간 미팅 공간 확보를 위해 중간 부분을 돌출시켜 T 자형으로 변형했다. 굳이 미팅 공간을 그곳에 만든 또 다른 이유는, 바로 그 위치에 군사 분계선 표식물이 있기 때문이었다. 정상 회담용 티 테이블 옆에 심하게 녹슨 채로 서 있던 군사 분계선 표식물에는 원래 〈군사 분계선 0101〉이라고 쓰여 있었으나, 부식이 너무 심해 현재는 판독이 불가능한 상태이다. 정상 회담 당시 유엔사 측에서는 군사 분계선 표식물을 새것으로 교체하려 했으나, 분단의 아픔을 그대로 보여 주기 위해 우리 측에서 요청하여 옛것을 그냥 놔두기로 했다.

37번 국도 리비사거리의 리비교 입구에서

딸 리비교? 다리 이름이 왜 이래요? 〈ㄹ〉로 시작하는 것으로 봐서는 혹시 북한에서 만들었나요?

아빠 아니야, 미군이 만들었어. 다리 이름도 미군 병사의 이름을 따서 만든 거야. 우리말로는 〈북진교〉라고 해.

임진강을 따라 상류로 올라가면 여러 개의 다리가 차례대로 나오는데, 리비교는 임진강 철교, 통일대교, 전진교에 이어 네 번째 다리다. 이름도 이색적인 리비교는 6·25 전쟁 당시 미군이 만든 유일한 다리인데, 미 제24사단 전투 공병대 소속 조지 리비George D. Libby (1919~1950) 중사의 이름을 딴 것이다.

국가 보훈처 자료에 따르면 리비 중사는 1950년 7월 20일 대전 전투 당시, 옥천으로 향한 철수로가 차단된 상태에서 자신을 희생하여 사단 병력을 철수시키는 데 큰 공헌을 했다고 한다. 그는 산악을 이용한 철수가 어려운 부상병들을 모두 일반 차량에 싣고 철수하던 중에 북한군의 사격을 받아 많은 희생자가 발생하는 등 전진이 더 이상 불가능한 상황에 처하게 되었다. 그러자 리비 중사는 함께 철수 중이던 포병 M-5 고속 트랙터 포차를 정지시켜 부상병들을 옮겨 실은 다음, 자신은 기관 단총으로 도로 주변의 적과 치열한 교전을 시작했다.

이어 포차 운전병을 자신의 몸으로 감싼 후 전속력으로 달릴 것을 요구했는데, 그런 와중에도 길가의 부상병들을 보면 추가로 태우고 함께 철수를 했다. 하지만 그는 포차 운전병을 자신의 몸으로 보호하고 많은 부상병을 안전하게 철수시키는 과정에서 전신에 많은 총상을 입었고, 결국 과다 출혈로 전사했다. 리비 중사는 자신의 생명을 던져 동료를 구해 낸 공로를 인정받아 6·25 전쟁 최초로 미국의 최고 무공 훈장인 Medal of Honor를 받았다.

리비교는 파주 장파리 쪽과 임진강 건너 용산리를 연결하고 있다. 처음에는 임진강 북부 지역에 병력과 군수 물자를 수송하기 위해 미 2사단이 주로 이용했으나, 1973년 이후에는 군사용 도로뿐만 아니라 민통선 내에 농지를 둔 농민들의 농경 목적으로도 이용했다. 이후 교량에 대한 안전 진단을 시행한 결과 통행이 어려운 E 등급을 받자, 안전을 염려한 군(軍)은 다리 건설 63년 만인 지난 2016년 10월 전면적으로 통행을 금지했다. 현재 파주시는 리비교를 안보 관광 자원화하는 방안을 검토 중인 것으로 알려졌고, 2021년 말까지 보수 공사가 예정되어 있어 그때까지는 현장에서 직접 다리를 볼 수는 없다.

연천 고인돌 공원

문화재 정보

(1) 연천 전곡리 유적(사적 제268호)

(2) 연천 학곡리 고인돌(경기도기념물 제158호)

(3) 연천 학곡리 적석총(경기도기념물 제212호)

위치 정보

(1) 연천 전곡리 유적: 경기도 연천군 전곡읍 양연로 1510

(2) 연천 학곡리 고인돌: 경기도 연천군 백학면 노아로 236-6

(3) 연천 학곡리 적석총: 경기도 연천군 백학면 학곡리 20-1

주변 볼거리

전곡 선사 박물관, 숭의전, 연천 당포성

10
로또 맞은 연천 전곡리 선사 유적지
임진강과 한탄강 주변의 선사 시대 유적지들

전곡리 선사 유적지에서

딸　와, 엄청 넓다. 여기는 체험장도 있고, 전시관도 있고, 심지어 미니 동물원도 있네요. 선사 시대 유적지라고 해서 그냥 허허벌판인 줄 알았는데, 나름 다양한 볼거리가 많아요.

아빠　그래도 진짜 볼거리는 산책로 아래쪽에 있는 전곡 선사 박물관에 모두 모여 있어. 그걸 빠뜨리면 진짜 핵심을 놓치는 거야. 여기 돌아보고, 박물관에도 꼭 들러 보자.

전곡리 유적의 발견은 그야말로 로또 확률과도 견줄 수 있을 만큼 우연이었다. 1978년 주한 미 공군 소속 그렉 보엔Greg Bowen 상병이 한국인 여자 친구와 함께 한탄강에 데이트하러 왔다가 커피를 끓이려고 주변에서 돌을 몇 개 주워 오게 했는데, 그중에 생김새가 이상한 돌이 섞여 있었다. 그런데 공교롭게도 보엔 상병은 입대 전 캘리포니아 빅터밸리 대학에서 2년간 고고학을 공부하던 고고학도였다. 그는 학업 도중에 학비가 모자라자 휴학한 뒤 군에 자원 입대했고, 주한 미군에 배치되어 동두천에서 근무하고 있었다.

보엔 상병은 그 돌이 그냥 돌이 아니라 구석기 시대의 주먹 도끼, 그것도 아슐리안Acheulean식 주먹 도끼임을 단박에 알아보았고, 여자 친구와 함께 주변을 더 탐색하여 주먹 도끼 몇 개를 더 발견했다. 아무 생각 없이 주워 온 돌에 주먹 도끼가 섞일 확률도 희박한데, 하필이면 그것이 고고학도의 눈에 들어올 확률은 얼마나 될까? 아무튼 고고학도는 역시 달랐다. 주먹 도끼를 발견한 지점을 지도에 모두 표시했고, 그것을 상세한 보고서로 작성한 뒤, 고고학 전문가로 세계적 명성이 높았던 프랑스의 프랑수아 보르도 교수에게 보냈다. 보고서를 읽어 본 보르도 교수는 곧 서울대 고고학과 교수를 보엔 상병에게 소개했고, 이어 국립 문화재 연구소와 국립 중앙 박물관 그리고 각 대학 박물관의 참여

아래 본격적인 발굴 조사가 시작되었다.

딸　돌로 만든 옛날 주먹 도끼 하나 찾아낸 것이 뭐 그리 대단한 거죠?

아빠　그 발견은 당시 세계 고고학계를 뒤엎을 만한 대사건이었어.

전곡리의 돌 주먹 도끼가 발견되기 전까지 고고학계에서는 구석기 시대 세계를 올도완Oldowan 석기 문화권과 아슐리안 석기 문화권으로 양분했다. 아프리카에서 시작된 초기 원시 인류는 전 세계로 퍼져 나갔는데, 이때 가지고 있던 가장 원시적인 석기가 올도완 석기다. 그러다가 아프리카에서 좀 더 발전된 형태의 신형 석기가 나왔는데, 이것이 아슐리안 석기다. 그중에서도 아슐리안 주먹 도끼는 타원형 또는 삼각형 모양으로 양쪽 면을 모두 고르게 손질·가공하여 석기의 옆면이 마치 두 손바닥을 모은 모습을 한 것이 특징이다.

유럽과 아프리카에서는 아슐리안 석기가 많이 출토되었으나 인도 동쪽 아시아에서는 구식의 올도완 석기만 출토되었다. 따라서 고고학계에서는 이를 바탕으로 하여 원시

인류 중 일부는 아슐리안 석기가 개발되기 전에 이미 동아
시아에 진출했고, 아슐리안 석기가 개발된 후에는 유럽으
로 이동해 들어갔다고 추정했다. 그리고 이 학설을 주창한
학자의 이름을 따서 모비우스 학설이라고 했다.

그런데 전곡리 선사 유적지에서 아슐리안식 석기가 발
견됨으로써 세계는 깜짝 놀랐고, 고고학계의 모비우스 학
설은 수정이 불가피해졌다. 또한, 세계적인 고고학자들이
한국까지 직접 와서 석기들을 감정하고 진품임을 인정했
다. 이로써 세계 구석기학 연구의 새로운 지평이 열렸고,
특히 동아시아 구석기 문화를 새로운 각도에서 이해하려
는 많은 시도가 생겨났으며, 이는 한국의 구석기 연구뿐만
아니라 전 세계 구석기 연구를 풍부하게 만드는 계기가 되
었다.

딸   와, 전곡리 선사 유적지 때문에 우리나라 고고학
계의 위상이 엄청 올라갔겠네요!
아빠   물론이지. 그런데 일본의 고고학계는 상대적으
로 폭삭 망했어.

우리나라 전곡리 선사 유적이 전 세계적인 주목을 받을

무렵, 이에 질세라 일본도 후지무라 신이치(藤村新一)라는 고고학자가 일본 내에서 획기적인 구석기 유물 발굴을 통해 세간의 주목을 받았다. 그것도 한두 차례가 아니라 20년 넘게 지속적인 고고학 성과를 이루어 냈고, 일본의 고고학 연대를 수십만 년이나 끌어올렸다. 그는 그야말로 일본 고고학계의 국보적 존재였고, 일본 민족의 우수성을 대내외에 주장하던 우익의 적극적인 지원에 힘입어 일본 교과서에도 실릴 정도였다.

하지만 그가 발굴한 유물과 발굴 과정에 대해서 무언가 석연치 않은 점이 있다는 지적이 지속적으로 제기되었으나, 그런 목소리는 일본 우익들의 목소리에 금방 묻혀 버렸다. 후지무라의 발굴 내용은 석기를 만든 수법이 다른 유물들과 확연히 차이가 나고, 발굴된 석기의 재질이 발굴 장소 주변의 석재와는 다르며, 떼어 낸 석기 주변에서 원본 돌조각을 찾아볼 수 없고, 같은 지역을 여러 사람이 뒤져도 반드시 후지무라만 유물을 찾아냈다. 결정적으로 해외 학자들의 공동 연구 제의를 모조리 거부하는 등 상식적으로 이상한 점이 하나둘이 아니었다. 그런데도 20년이 넘는 그의 발굴 성과에 대해서 합리적인 의심이나 공개 질의가 없었는데, 왜냐하면 그의 발굴 성과에 대해 의심을 하면 매국노

취급을 당했기 때문이다.

그러다가 2000년에 확실한 조작 증거를 담은 『마이니치(每日)』 신문 기사가 대서특필되면서 일본은 패닉 상태에 빠졌다. 20년이 넘는 후지무라의 발굴 성과는 대부분 조작된 것이었기에 문화재로 지정된 것 모두가 취소되었고, 교과서에서도 삭제되었다. 또한 후지무라의 모든 저서가 폐기되었고, 고고학계에서도 영구 제명되었다. 그러나 문제는 거기에 그치는 것이 아니었다. 세계의 고고학계는 더 이상 일본의 성과물을 신뢰하지 않게 되었다. 다급해진 일본 학계는 한동안 새로운 구석기 유물이 출토될 때마다 한국 학자를 초빙해서 연대 측정을 하고 인증을 받을 정도였다. 사기꾼 한 사람 때문에 일본 고고학계는 그야말로 천국과 지옥 사이를 오르내린 것이다.

학곡리 고인돌 앞에서

딸 이런 곳에도 탁자식 고인돌이 있었네요. 아담한 게 참 잘생겼다.

아빠 고인돌은 청동기 시대의 일반적인 무덤 양식이야.

딸 저는 청동기 시대 부족장의 무덤으로 알고 있었는데…….

194

학곡리 고인돌

아빠 그렇게 아는 사람도 많지. 그런데 우리나라 고
인돌의 총 개수가 얼마나 되는 줄 아니? 남한에만 3만 개
가량이 있고, 남북한을 합치면 무려 4만 개가 넘어. 부족
장이 그렇게 많을 수는 없잖니? 따라서 고인돌은 청동기
시대의 일반적인 무덤 양식으로 보는 것이 합리적이야.
다만 〈강화 부근리 지석묘(사적 제137호)〉처럼 일부 거
대한 고인돌은 그것을 세우기 위해 수많은 사람이 동원
되어야 해서 강력한 정치권력을 가진 부족장들의 무덤
으로 볼 수 있지. 신라 왕릉이나 조선 왕릉도 일반 사람
의 무덤보다는 훨씬 크잖아!

딸 남한에만 3만 개의 고인돌이 있다면, 왜 저는 주
변에서 고인돌을 보지 못했을까요? 그 많은 고인돌이 다

어디에 있는 거죠?

일반인들이 주변에서 고인돌을 잘 볼 수 없다고 말하는데에는 고인돌과 자연적인 바위를 잘 구분하지 못하는 이유도 있다. 예전에는 고인돌을 분류할 때 탁자처럼 생긴 것을 〈북방식〉, 바둑판처럼 생긴 것을 〈남방식〉 이렇게 크게 두 가지로만 나누었다. 그리고 우리가 일반적으로 고인돌 하면 떠올리는 전형적인 형태가 이 두 가지에 속한다. 하지만 지금은 거기에 종류가 하나 더 추가되었는데, 이것이 바로 우리나라 고인돌 중 가장 큰 비중을 차지하는 〈개석식(蓋石式)〉 고인돌이다.

개석식[뚜껑식: 무지석식(無支石式)] 고인돌은 구조적으로 상부의 커다란 덮개돌을 지탱하는 굄돌(받침돌)이 없다. 이런 외형적인 특징 때문에 기존 탁자식이나 바둑판식 고인돌과는 달리 자연적인 바위와 구별하기 어렵다. 하지만 개석식 고인돌과 자연적인 바위를 구별할 수 있는 아주 간단하고도 쉬운 방법이 있다. 고인돌로 의심되는 큰 돌 주변의 밑 부분을 쇠꼬챙이로 찔러 보는 것이다. 만약 쑥 하고 들어가는 느낌이 난다면 아래에 무덤방이 있는 고인돌일 수 있고, 반대로 꽉 막혀 있다면 그냥 바위일 가능성이 크다.

고인돌의 모양이 탁자식과 바둑판식, 그리고 개석식과 같이 서로 달라지는 이유는 뭘까? 우선 탁자식 고인돌은 무덤방을 땅속에 만들지 않고 땅 위에 부장품과 시신을 그냥 올려 둔 경우이다. 먼저 굄돌을 양쪽에 높이 세우고 가장 큰 덮개돌을 올린 다음, 굄돌 양쪽 끝의 열린 부분을 막음돌로 막아서 지상에 만들어진 사각형 공간을 그대로 무덤방으로 이용하는 것이다. 이런 탁자식 고인돌이 주로 한반도 북쪽 지방에 많이 분포하는 이유는 날씨가 추워서 겨울철에 꽁꽁 언 땅을 파기가 쉽지 않았기 때문으로 보인다. 반면, 상대적으로 기후가 따뜻한 한반도의 남쪽 지방에는 바둑판식 고인돌이 많다. 이런 형태는 먼저 무덤방을 지하에 만들고 그 위로 거대한 덮개돌을 올리는데, 이때 지탱하는 굄돌을 짧은 기둥 형태로 만들거나 여러 개의 조그마한 자연석으로 거대한 덮개돌을 받치도록 하여 무덤방에 아무나 접근하지 못하도록 했다.

딸　그런데 이 학곡리 고인돌은 무덤방 공간이 너무 작아서 성인은 도저히 못 들어갈 것 같아요. 혹시 어린아이 용 고인돌인가요?

아빠 아마도 세골장(洗骨葬)을 했을 가능성이 있어.

고인돌 중에는 크기가 아주 작은 고인돌도 많다. 실제 그곳에서 발굴된 뼈를 분석한 결과, 어린아이가 묻힌 곳도 간혹 있었지만, 대부분은 성인을 묻은 고인돌로 밝혀졌다. 그렇다면 무덤방이 작은 고인돌 속에 큰 성인을 어떻게 묻었을까? 고고학계에서는 풍장(風葬) 또는 세골장 등의 이차장(二次葬)을 했을 것으로 보고 있다. 그것은 시신을 1차로 가매장하거나, 야산 또는 동굴이나 낭떠러지 등에 방치한 뒤에, 야생 동물에게 먹히거나 사체가 자연스럽게 분해되도록 하는 자연의 풍화 작용을 이용한 장례 방식이다. 살이 모두 썩어 없어지면 남은 뼈만 추려서 깨끗하게 물로 씻은 후 다시 묻는 것이다. 이런 방식은 우리나라 전라도의 남해안 및 서해안의 일부 섬 지방에 최근까지도 남아 있었다고 한다. 〈풀 초(草)〉 자를 써 초장(草葬)이라고 부르는데, 1차로 섶으로 가묘 성격의 초분(草墳)을 설치했다가 육탈(肉脫)된 이후 다시 정식으로 매장하는 방식이다.

이렇게 복잡한 장례 방식의 문화가 정착한 배경에 대해서는 여러 가지 설이 있는데, 우선 겨울철에 땅이 얼어 무덤을 깊게 파지 못하는 경우이다. 그리고 전염병 등으로 죽었을 때도 시신을 격리하는 차원에서 일단 초분이나 간단한 돌무덤으로 가묘를 만들고 난 뒤, 정상적인 장례가 가능해졌을 때 이차장을 지낸 것으로 보인다.

한편, 탁자식 고인돌은 구조상 바둑판식이나 개석식에서는 기대하기 힘든 가족장(家族葬)이 가능했다. 바둑판식 또는 개석식 고인돌의 경우 한번 설치한 뒤에는 상부의 무거운 덮개돌을 다시 옮기기가 매우 어렵지만, 탁자식 고인돌은 굄돌의 앞뒤로 막아 둔 가벼운 막음돌만 치우면 얼마든지 무덤방에 접근할 수 있기 때문이다. 그래서 탁자식 고인돌은 도굴이 쉬워 부장품과 유물이 거의 남아 있지 않다.

딸 그런데 고인돌 문화는 왜 갑자기 사라졌나요?

고인돌이 만들어진 청동기 시대는 부족장 중심의 부족 연맹 체제였다. 하지만 철기 시대로 들어서며 무기가 발달하자 부족 연맹 간의 정복 전쟁을 통해 수많은 부족이 통폐합되고, 그 결과 과거와는 비교도 되지 않는 큰 규모의 고대 국가가 탄생하게 되었다. 이때 등장한 막강한 힘을 가진 정치 지도자는 고대 국가의 왕으로서 자신의 신분에 걸맞은 새로운 과시용 매장 문화가 필요했다. 그래서 다른 일반인들의 무덤과 차별화하기 위해 완전히 독립적으로 구분되는 위치에 전혀 다른 형식으로 무덤을 만들기 시작했는데, 그것이 바로 우리가 잘 알고 있는 〈고분〉의 형태이다. 매장 문화는 역사적으로 쉽게 변하지 않는 요소 중 하나이다. 따라서 매장 문화의 변화는 새로운 종교가 도입되거나 외부 민족의 침입으로 사회 구성원이 대규모로 교체되는 등 큰 사회적 변화가 있었다는 방증으로 볼 수 있는데, 철기 시대의 경우에는 강력한 정치 지도자의 등장이 요인으로 작용했다.

한편, 철기 시대 매장 문화의 변화에는 정치적 요인 외에 경제적 요인도 꼽을 수 있다. 청동기 시대와 달리 철기 시대에는 철제 도구의 제조가 일반화되면서 일반 사회 구성원들도 손쉽게 각종 도구를 구할 수 있었다. 특히 철제 농기구의 사용에 따라 농업 생산량이 증가하고 농경지가 확대되었는데, 이렇게 노동력이 무엇보다 중요해진 시점에 많은 인원이 동원되는 고인돌 축조는 점차 사회적으로 배제될 수밖에 없었다.

학곡리 외에도 연천에는 고인돌을 볼 수 있는 데가 여러 곳 있다. 그중 연천군 연천읍 통현리 197-6에는 고인돌 공원이 잘 조성되어 있고, 고인돌 공원에서 직선거리로 약

1.5킬로미터 떨어진 통현리 339-1에도 경기도문화재자료 제52호로 지정된 잘생긴 탁자식 연천 통현리 지석묘(漣川 通峴里支石墓)가 있다.

학곡리 적석총 앞에서

딸   여기는 왜 이렇게 돌이 많이 쌓여 있나요?

아빠   이곳도 무덤이야. 돌로 쌓은 무덤이라서 우리말로는 돌무지무덤이라 하고, 한자로는 적석총(積石塚)이라고 하지.

고인돌로 대표되는 고대의 장묘 문화는 후대까지 계속 영향을 끼쳤는데, 탁자식(북방식) 고인돌 문화권인 한반도 북쪽 및 만주, 요동 지방에 있는 고대 고분들은 시신을 매장하는 부분이 탁자식 고인돌과 마찬가지로 지상 위에 있는 적석총(돌무지무덤) 계열이 주류를 이룬다. 반면, 바둑판식(남방식) 고인돌 문화권인 한반도 남쪽 지방의 고대 고분들은 시신을 매장하는 부분이 지하에 만들어진 무덤방 속에 있는 봉토분(흙무덤) 계열이 주류를 이룬다.

한편, 적석총도 무기단식 적석총→기단식 적석총→계단식 적석총으로 변화하는 것으로 알려져 있는데, 계단식

학곡리 적석총 유적지

적석총은 윗부분이 잘린 피라미드 형태로 서울 석촌동 고분군(사적 제243호)에서도 확인할 수 있다.

딸 무덤을 돌로 만들었으면 흙으로 만든 것보다는 더 튼튼하겠죠?

아빠 무덤 재료로 흙과 돌을 비교했을 때 돌무덤은 무거운 돌을 옮길 사람만 있다면 흙무덤보다 더 높게 쌓을 수 있어. 하지만 건축학적으로 흙과 돌의 〈형태 유지력〉에서는 흙이 돌보다 더 유리해. 그래서 아무리 잘 쌓은 돌무덤이라도 시간이 흐르면 붕괴할 가능성이 크지. 그런 이유로 성을 쌓을 때도 성벽 내부는 대부분 흙으로 채우고, 성벽 외부만 한두 겹의 돌로 마감을 하는 거야. 적석총의 가장 훌륭한 모델인 중국 지안현의 고구려 장군총도 쌓은 돌들이 밖으로 밀려나지 않게 1층 외부에 사방으로 여러 개의 거대한 버팀돌을 둘렀어.

딸 그래도 이 연천 학곡리 적석총은 장군총과 달라도 너무 달라요. 장군총은 모두 네모반듯한 돌로 쌓았지만 여기는 그냥 둥근 강돌로 쌓았어요.

연천 학곡리 적석총은 적석총 중에서도 무기단식이며

또한 즙석식으로 분류된다. 즙석(葺石)의 즙(葺)은 〈떨어지거나 해진 곳을 깁다〉 또는 〈지붕을 이다〉라는 뜻이다. 따라서 즙석식 적석총은 돌로만 쌓은 순수 적석총과는 달리 내부는 흙으로 쌓았지만 즙석을 하여, 즉 지붕을 돌로 덮어 마치 전체적으로는 돌로 쌓은 듯한 이미지를 보이게 한 것이다. 연천 학곡리에서 약 25킬로미터 떨어진 연천 삼곶리에도 즙석식 적석총이 있는데, 학곡리 적석총보다 즙석식이라는 느낌이 훨씬 강하다.

기후의 영향으로 인해 한반도 북부는 순수 적석총 계열의 무덤이 많고, 남부는 봉토분 계열이 주류를 이룬다. 따라서 내부는 흙무덤, 외부는 돌무덤인 즙석식 적석총은 두 문화권이 섞인 흔적으로 볼 수도 있다. 실제 서울 석촌동 고분군에서도 비슷한 흔적을 찾아볼 수 있다. 가장 규모가 큰 3호분은 전형적인 순수 계단식 적석총이다. 그런데 그 옆에 있는 2호분과 4호분은 외형적으로는 계단식 적석총이지만, 내부는 흙으로 채워졌고 외부만 돌로 마감이 되었다. 따라서 비류나 온조 같은 초기 한성 백제의 지배 계층은 한반도의 북쪽 부여에서 내려왔기 때문에 북방식으로 순수 적석총을 사용했지만, 시간이 흐르면서 남쪽 지방 출신의 토착 세력과 문화가 섞인 것으로 이해할 수 있다.

한편, 연천의 즙석식 적석총은 모두 강변을 따라 분포하고 있다는 것이 특징이고, 또한 내부에는 무덤방들이 여러 개 있어서 다인장(多人葬)을 했던 것으로 보인다. 그래서 적석총의 모양이 강을 따라 길쭉하게 생겼다. 그리고 적석총 규모가 꽤 큰 것으로 봐서 일반인의 무덤이라기보다는 부족장 등 지배 계급의 무덤으로 보인다. 또한 학곡리 적석총 앞의 임진강은 별명이 신지강인데, 신지(臣智)와 읍차(邑借)는 삼한 시대 부족장을 가리키는 말이다. 따라서 신지강이란 이름도 학곡리 적석총과 관련이 있을 것으로 짐작된다. 학곡리 고인돌과는 직선거리로 약 7백 미터 떨어져 있다.

지은이 **최동군** 강원도 원주에서 태어나 1973년 부산 연제초등학교에 입학한 후 동해중학교, 동인고등학교를 거쳐 1991년 연세대학교를 졸업할 때까지 우리 문화와 역사에는 특별한 지식이 없는 너무나도 평범한 시민이었다. 1997년 처음 참여한 경주 문화 답사에서 큰 감명을 받고, 그 후 우리의 문화와 역사에 대해 독학으로 공부했다. 평소 〈배워서 남 준다〉라는 소신으로 많은 문화 답사 강좌 및 모임을 통해 우리의 전통 문화와 역사를 전파하고 있다.

2013년부터 5년간 글로벌 사이버대학교에서 〈문화 해설사 입문〉을 강의했다. 성균관대학교에서는 유교문화연구소 객원 연구원으로 활동하며 〈유교 문화 리모델링〉 과목을, 서울자유시민대학에서는 문화재와 관련된 여러 과목을 강의했거나 강의 중이다. 현재 지우학문화연구소의 대표 작가이다.

지은 책으로는 「현판으로 읽는 우리 문화재」(전3권), 「실록으로 읽다」(전4권), 「나도 문화 해설사가 될 수 있다」(전5권) 등 시리즈와 『공자 왈 알아야 면장을 하지』, 『정조반차도: 8일간의 화성행차』, 『국립고궁박물관: 현장학습 1번지』(2017년 세종도서 교양 부문 선정), 『답사여행 1번지 경주』, 『문화재 속 숨어 있는 역사』 등이 있다. 그 밖에 논문으로는 「2016 향교-서원 활용모델 개발에 관한 연구」가 있다.

손안의 통일 ❼

아빠와 딸, DMZ를 걷다

발행일   2020년 12월 30일 초판 1쇄

지은이   **최동군**
발행인   **홍지웅 · 홍예빈**
발행처   **주식회사 열린책들**

경기도 파주시 문발로 253 파주출판도시
전화 **031-955-4000** 팩스 **031-955-4004**
www.openbooks.co.kr

Copyright (C) 최동군, 2020, *Printed in Korea*.
ISBN 978-89-329-2075-7 04300 ISBN 978-89-329-1996-6 (세트)

이 도서의 국립중앙도서관 출판예정도서목록(CIP)은 서지정보유통지원시스템 홈페이지(http://seoji.nl.go.kr)와 국가자료공동목록시스템(http://www.nl.go.kr/kolisnet)에서 이용하실 수 있습니다.(CIP제어번호: CIP2020052064)